Arno Schleyer (Herausgeber)
unter Mitarbeit von
Wolfgang Bühling,
Annette Cost-Schneider,
Wilhelm Knöpp, Heinrich v. Knorre,
Erwin Scharrer

Im Spannungsfeld

PSYCHOTHERAPIE – SEELSORGE

Aus der Arbeit
der Klinik Hohe Mark

Verlag der
Francke-Buchhandlung GmbH
Marburg an der Lahn

CIP-Kurztitelaufnahme der Deutschen Bibliothek

Im Spannungsfeld: Psychotherapie – Seelsorge;
Aus d. Arbeit d. Klinik Hohe Mark / Arno Schleyer (Hrsg.).
Unter Mitarb. von Wolfgang Bühling . . .
Marburg an d. Lahn: Francke, 1983.
(Edition C: C; 104)
ISBN 3-88224-319-8
NE: Schleyer, Arno [Hrsg.]; Bühling Wolfgang [Mitverf.];
Klinik ‹Hohemark›; Edition C / C

3550 Marburg an der Lahn
Umschlaggestaltung: Annemarie Hoffmann
Gesamtherstellung:
St.-Johannis-Druckerei C. Schweickhardt
7630 Lahr-Dinglingen
Printed in Germany 19501/1983

Inhaltsverzeichnis

Vorwort zu unserem 2. Buch

Das 50jährige Jubiläum der Klinik Hohe Mark in Trägerschaft des Deutschen Gemeinschafts-Diakonieverbandes ist der äußere Anlaß für das Erscheinen dieses Buches. Der innere Beweggrund ist, Rechenschaft vor uns selbst und anderen abzulegen. Vor uns selbst, weil wir uns in unserer sehr unterschiedlichen persönlichen und fachlichen Prägung als korrektur- und ergänzungsbedürftig erleben. Da scheint uns eine schriftliche Fixierung unserer persönlichen Ausrichtung für den Austausch im Kollegenkreis besonders hilfreich zu sein. So haben wir es jedenfalls bei unserem 1. Buch (Seelische Krankheit – Heilung und Heil – Herausgeber Dr. v. Knorre) erlebt.

Mit den obenerwähnten anderen sind alle gemeint, die sich in seelischer Not befinden oder solchen helfen möchten. Mit ihnen allen möchten wir uns anhand dieses Buches – vielleicht auch mit diesem und jenem in einem schriftlichen oder gar mündlichen Austausch – Gedanken darüber machen, worauf es in Psychotherapie und Seelsorge ankommt, was also Leib und Seele heilt. Korrekter gesagt: ein Stück heiler macht, einen Schritt näher zu sich selbst führt, zu seiner wahren Bestimmung; und in gleicher Weise und unabdingbar damit verbunden: einen Schritt näher zum anderen; und nicht zuletzt: näher zu Gott.

Psychotherapie ohne Gott, ohne Seelsorge erscheint uns wie ein Provisorium, ohne Zukunft, ohne Hoffnung. Aber das Vertrauen, Gottes Geschöpf zu sein, statt – letzten Endes – Zufallsprodukt; von Gott geführt zu werden, statt einem blinden Geschick ausgeliefert zu sein; von Gott in Ewigkeit geliebt zu sein, statt im Tode unwiderruflich alles zu verlieren: dies Vertrauen, diese Hoffnung, sofern nicht nur Lippenbekenntnis, sind schon hier und jetzt, für die Leiden dieser Zeit, die großen, heilenden Kräfte. Deshalb Psychotherapie *und* Seelsorge.

Aber auch *nur* Seelsorge, Seelsorge im herkömmlichen Sinn, scheint uns oft unangemessen, nämlich überall dort, wo schwerwiegende unbewußte Fehlhaltungen oder Konflikte vorliegen. Um diese zu erkennen und zu behandeln, hat die Psychotherapie spezielle Methoden entwickelt. Von ihnen ist in diesem Buch ebenso die Rede wie von unserer Seelsorge.

Für die intensive, unermüdliche Mitarbeit bei der Erstellung unserer Manuskripte bedanken wir uns herzlich bei Frau Runge und bei Frau Schier.

Unserer besonderer Dank gilt auch Schwester Annemarie Hoffmann für die Gestaltung des Umschlags.

Klinik Hohe Mark, 6370 Oberursel (Taunus) 3,
im Februar 1983

Im Namen der Autoren

Arno Schleyer

Wachsen tut weh

Als ich mir vornahm, mich daran zu beteiligen, in diesem Buch etwas von unserer Arbeit in Hohe Mark zu erzählen, bewegte mich dabei vor allem der Wunsch, den Lesern etwas mehr Einblick in unser Miteinander hier in der Klinik zu geben. Es schien mir wichtig, auch etwas von ganz persönlichen Wünschen und Erfahrungen weiterzugeben – aus dem Gefühl heraus, daß das, was ein neuer Therapeut alles durchlebt bei uns, bis er sich entschließt zu bleiben (oder zu gehen) und danach, viel Ähnlichkeit hat mit dem, was ein sogenannter Patient – ein Leidender und Hilfesuchender – in den verschiedenen Phasen seiner Behandlung durchsteht.

Soweit – so gut. Um diese Entwicklung eines »Neuen« (Patienten oder Mitarbeiters) in Hohe Mark soll es vor allem gehen. Und nun braucht das »Kind einen Namen«. Spontan fiel mir auf der Suche danach ein Kernsatz meiner eigenen Therapie ein (jeder Psychotherapeut oder der es werden will, braucht eine solche – er braucht sie wirklich!), der mir einmal in einer schweren schmerzvollen Stunde durch »Mark und Bein« gegangen war: Wachsen tut weh.

Er faßt im Grunde auch einen wesentlichen Teil meiner Erfahrungen als Hohe Märklerin mit mir selbst und zumindest mit den »geglückten« Therapien mit meinen Patienten zusammen und möge als eine Überschrift und ein Trost über dem folgenden Einblick in die Werkstatt Hohe Mark aus meiner Sicht stehen.

Wenn ich von »meiner Sicht« spreche, so ist dies einmal nicht die Sichtweise eines erfahrenen, graubeschläften und durch Jahrzehnte seelsorgerlich-psychiatrischer Tätigkeit geläuterten, weisen Psychiaters (meine Mitautoren mögen mir die leise Ironie verzeihen), sondern es ist die einer jungen angehenden Therapeutin, die frisch von der Universität in Hohe Mark zugleich ihre erste Bekanntschaft mit einer voll verantwortlichen Berufstätigkeit gemacht hat und die – sehr neugierig und voller Ideale – gespannt war, die

Synthese aus Psychotherapie und Seelsorge, auch aus Arbeitsalltag und geistlicher Gemeinschaft life erleben zu können. Die folgenden Gedanken sind also durchaus nicht aus einer über den Dingen stehenden Haltung geboren, sondern sie zeigen wohl eher einmal »Hohe Mark von unten«.

Zuerst sind da die Erwartungen eines jungen Mitarbeiters, über die ich Ihnen etwas erzählen will – haben doch besonders sie meiner Erfahrung nach vieles gemeinsam mit denen unserer Patienten. Wie es eben schon angeklungen ist, war zumindest bei mir, aber auch bei vielen der jungen Kollegen, die nach mir an die Klinik kamen, eine ganz wesentliche Hoffnung und Erwartung die, in Oberursel Psychotherapie und Seelsorge endlich vereint zu finden. Hier erinnere ich mich an mein erstes Gespräch mit unserem Chefarzt, der, als ich damals begeistert von dieser Hoffnung sprach, so intensiv auf ein »Spannungsfeld« hingewiesen hatte, in dem wir alle stehen würden. Ein Spannungsfeld? Ja, sicher, natürlich würde es nicht immer ganz leicht sein, die Aspekte, einerseits von Gottes Liebe weiterzuerzählen und andererseits, Menschen in ihren psychischen Störungen zu helfen, zu vereinen, aber ganz so schwierig schien mir das zunächst nicht. Gerade die Vereinigung von beidem mußte doch zu einer Vollkommenheit führen können, die sich in geglückten Therapien und natürlich auch in der Entwicklung meiner eigenen Persönlichkeit ausdrücken würde. Welche Ansprüche liegen in solcher Hoffnung – Sehnsucht nach Vollkommenheit, nach dem endlich Idealen. Und wer von uns kennt solche Sehnsüchte nicht? Heute ist mir ein wenig klarer (ganz begreifen werde ich es wohl nur schwer jemals), daß mit solchen Erwartungen – bei Mitarbeitern und Patienten – Hohe Mark eine Ent-täuschung werden muß. Ent-täuschung, Wegführung von einer Täuschung, einer süßen Wunschwelt, zu mehr Realität, das ist bitter, aber im Grunde ein Schritt in die Wirklichkeit. Möge uns unser Leitthema vom schmerzhaften Wachstum wieder in den Ohren klingen. Ja, Wachsen tut weh! Es geht bei dem, was mir so schwer war und ist und auch bei dem, was in unseren Therapien einen wesentlichen Teil ausmacht, um eine Konfrontation mit der Realität. Um diesen so theoretischen Satz lebendig werden zu lassen – schauen wir uns diese »Realität« ein wenig genauer an. Da gibt es zum Beispiel als ganz besonders anstößigen Vertreter dieser Wirklichkeit in unserer Klinik eine Hausordnung, d. h. einen ganzen Katalog von Regeln, Geboten und Verboten, Hinweisen und Empfehlungen, wie man sich zu verhalten habe. Es gibt eine ganz bestimmte Struktur des Hauses, die man entweder akzeptieren kann oder – oder man muß eben gehen.

Da ist also eine erste Grenze, an die so mancher bitter anstoßen kann, wobei es nicht ohne blaue Flecke abgeht. Wo ist da noch die »Freiheit der Kinder Gottes«, wenn festgelegt ist, um wieviel Uhr der Patient zu schlafen, zu essen, das Licht zu löschen hat, wann er in der Laune zum Gespräch mit dem Doktor, zum Sport oder zu anderen kreativen Beschäftigungen zu sein hat, wo er rauchen und was er nicht trinken darf und und und. Und dies alles, solche Reglementierungen, sollen dazu dienen, den Menschen reifen zu lassen. Ist ihm nicht damit Eigenverantwortlichkeit und Eigenentscheidung abgenommen und er somit auf die Stufe eines Kleinkindes herabgewürdigt? Ein Stein des Anstoßes für den, der als Patient mit solcher Ordnung konfrontiert ist – es sei denn er ist überangepaßt und gerade das ist sein Problem, und auch ein wunder Punkt für einen idealistischen freiheitsliebenden jungen Doktor, der von innerer Befreiung und liebevollem, nicht in erster Linie ordnungsvollem Miteinanderleben träumt. Nun ist er aber plötzlich dem Patineten gegenüber Vertreter einer Ordnung, die er noch lange nicht in allen Punkten genauso aufgestellt hätte wie die Klinikleitung. Und plötzlich steht er schon in einem »Spannungsfeld« – zwischen Hilfesuchendem und Vorgesetztem oder auch zwischen Individuum und Institution, auch wird etwas spürbar von den eigenen inneren Kämpfen zwischen den Seiten, die wie ein Kind spielen wollen, die Wünsche haben und unbeschwert sind und jenen Seiten, die sich durch alle möglichen Autoritätsinstanzen im Leben schon entwickelt haben und in Form eines mehr oder weniger strengen Gewissens die Bedürfnisse in Schranken halten – um es einmal mit Sigmund Freud zu sagen: ein Es – Überich Konflikt (die Grundlage vieler neurotischer Erkrankungen) wird aktualisiert. Dies passiert in vielen

Patienten, aber eben auch im Therapeuten, wenn er sich darauf einläßt, das oben beschriebene Spannungsfeld auch bei sich selbst wahrzunehmen. Ist das nun eigentlich gut oder schlecht? könnte man sich fragen. Heute möchte ich für mich die Frage einfach so beantworten, daß es eben so ist, und daß es mir hilfreich ist, eine solche Spannung, wie sie ja nicht nur am Arbeitsplatz, sondern in den meisten anderen Lebensbereichen auftreten kann, möglichst bewußt als solche zu erkennen und ruhig auch zu benennen, auszusprechen.

Das Aussprechen ist ja ein ganz wesentlicher Aspekt aller Therapie, überhaupt auch alles gemeinschaftlichen Lebens. – Und das war auch für mich als Neuling in Hohe Mark eine entscheidende Erfahrung – die Möglichkeit zu haben, meine Konflikte (z. B. mit der Hausordnung) aussprechen zu können.

Hierbei kann man nach den erstbeschriebenen Grenzen (durch eine vorgegebene Ordnung) auf eine zweite Sorte von Grenzen stoßen, die viel versteckter, aber auch noch schmerzhafter sein kann. Denn im Aussprechen trete ich in Kommunikation mit einem Du, mit einem Gegenüber. Konkret gesagt, über meine Hausordnungsprobleme, um bei diesem Beispiel zu bleiben, konnte ich mit vielen Leuten sprechen. Da gibt es die Schwestern auf der Station, mit denen ich üblicherweise jeden Tag Erfahrungen und Probleme im Umgang mit den Patienten austausche, besonders in einem einmal pro Woche stattfindenden Gruppengespräch mit den Mitarbeitern auf der Station; da gibt es die Möglichkeit, diese Probleme im Kreis von Therapeuten aus den verschiedenen Bereichen der Klinik (Körperempfindungstherapie, Gestaltungstherapie, Arbeitstherapie u.s.w.), mit denen ebenfalls ein wöchentliches Gruppengespräch stattfindet, einzubringen.

Da ist die Möglichkeit zum Austausch in der Supervision mit dem Chefarzt, der sich ebenfalls jede Woche eine bestimmte Zeit nimmt, um mit seinen jungen Kollegen Probleme in der Therapie zu diskutieren und so vielleicht neue Impulse zu geben. Und vor allem gibt es ein tägliches gemeinsames Mittagessen mit den anderen Kollegen, die dazu auch Lust haben, wo man gemeinsam um einen Tisch sitzt, aus großen dampfenden Schüsseln, die wie in Mutters Küche in einem älteren Wärmeofen stehen, sein Essen auf den Teller schöpft und in gemütlich-entspannter Atmosphäre über alles Mögliche reden kann, natürlich auch über die Gefühle, die man so im Spannungsfeld Hohe Mark erlebt.

An all diesen verschiedenen Orten gibt es also die Möglichkeit, auszudrücken, was uns bewegt, und für mich ist dieser intensive Austausch ein ganz wesentlicher Bestandteil dessen, was mir Hohe Mark bedeutet. Wenn ich dabei eben von versteckten Grenzen gesprochen habe, so dachte ich an jene Momente, wo ich trotz all des zahlreichen Beziehungsangebots in diesen Beziehungen eben gespürt habe, daß Verstehen, selbst wenn man sich bemüht, eben nur begrenzt möglich ist (auch unter Christen, die eine gemeinsame Glaubensbasis haben), daß es passieren kann, daß man redet und redet und gegensätzliche Meinungen einfach bestehen bleiben, weil der Gesprächspartner eben ein anderer Mensch mit einer anderen Persönlichkeitsstruktur ist, weil er vielleicht mit einem völlig anderen Vorverständnis die Dinge beurteilt und dieselbe Tatsache für ihn einen völlig anderen Bedeutungsinhalt hat als für mich.

Diese Grenze des Verstehens, die einfach durch die Verschiedenheit verschiedener Menschen bedingt ist, deutlich zu spüren, kann für manchen wieder eine schwere Enttäuschung sein, für mich war sie es in meiner Anfangszeit in Hohe Mark besonders, und sie ist es immer wieder, zwingt sie doch dazu, die Tatsache zu erkennen, daß ein »verschmolzenes Einssein« mit dem anderen, also, um es einmal »psychotherapeutisch« auszudrücken, eine ständige symbiotische Beziehung keine reife Beziehungsform unter verschiedenen Individuen ist. Das bedeutet ein Abschiednehmen von einer Ursehnsucht, nämlich der, noch einmal (wie als kleines Baby mit der Mutter verbunden) sorglos keine Trennungsschmerzen ertragen zu müssen.

Gerade in Glaubensgemeinschaften existiert ja diese Hoffnung und Sehnsucht oft besonders extrem, durch den gemeinsamen Glauben an den gemeinsamen Gott alle Trennung untereinander überwinden und im Grunde miteinander symbiotisch verschmelzen zu können. Und so war es für mich persönlich sehr heilsam, wenngleich schmerzvoll – in einer christlichen Klinik immer wieder doch diese Grenze zwischen mir und dem Nächsten zu spüren. Heilsam nenne ich diese Erfahrung deswegen, weil sie für mich von einer Illusion unbegrenzten Verstehens hinführt zu mehr Selbstwerdung – Individuation, wie die Ich-Psychologen den Prozeß nennen, in dem ein Kind in seinen ersten Lebensjahren, aber auch weiter sein Leben lang unterwegs ist, seine Persönlichkeit als eigenständiger Mensch zu entfalten, so wie – um es als Glaubende zu formulieren – Gott ihn eigentlich gemeint hat.

Ja, auch in dieser Erfahrung gibt es meiner Meinung nach viele Parallelen zwischen dem, was wir so als neue Mitarbeiter (sicher nicht nur in Hohe Mark, sondern überhaupt im Leben) und was ein Patient in seiner Therapie durchlebt. Wieviel Wünsche existieren doch gerade am Anfang einer Behandlung, im Therapeuten endlich den Menschen gefunden zu haben, der mich »grenzenlos« versteht – am besten ohne daß ich überhaupt was sage. Diese Wünsche führen meist – ähnlich wie in einer Verliebtheit dazu, den Therapeuten wie einen Liebespartner erst mal völlig zu idealisieren, in ihm all das zu finden, was man selbst optimalerweise gerne wäre und Fehler und Schwächen ganz zu übersehen (auch die Klinik oder ein Vorgesetzter kann zu einem solchen Idealobjekt werden). Und nun ist es in einer echten Beziehung, eben auch in einer geglückten therapeutischen Beziehung so, daß dieser Phase der Idealisierung ein schwerer Prozeß folgt, in dem die Trennung von dem Ideal erfolgt, in dem der Therapeut schließlich nicht mehr als nur gut wahrgenommen werden muß, in dem erkannt werden kann, daß auch er »nur ein Mensch« ist. – Wenn Eltern ein Kind erziehen, ist es übrigens ein ähnlicher Prozeß, in dem das Kind, vorausgesetzt es hat am Anfang genug bekommen von dem, was es brauchte, eines Tages zulassen kann vor sich selbst, daß die Eltern keine perfekten Heldengestalten oder Halbgötter sind, sondern fehlbare Menschen, deren Fehlern gegenüber man deshalb auch barmherziger werden kann.

Jedenfalls wird also der Patient, der schließlich entdeckt und zulassen kann, daß sein Therapeut auch mal Schnupfen hat, müde aussieht, etwas nicht begreift, einmal unpünktlich ist oder eine krumme Nase und manchmal fettige Haare hat, enttäuscht sein, aber eben auch an dieser Enttäuschung wachsen können und vielleicht eher akzeptieren, daß auch er selbst nicht 100%ig ist und Grenzen haben darf. Schmerzhaft – aber wahr. Wachsen tut weh.

Sicher wird deutlich, wie wichtig mir gerade der Umgang mit solchen inneren und äußeren Grenzen in Hohe Mark geworden ist. Er begegnet nicht nur mir als Mitarbeiter oder dem Patienten in der Therapie, sondern auch dem Therapeuten in der Therapie, wenn er merkt, daß sein Patient, den er nun zu soviel innerem Wachstum führen wollte, vielleicht nicht so entwicklungsfähig ist, wie er es gerne hätte. Gerade als junger Arzt hat man ja auch noch den ungeheuren therapeutischen Eifer, nun jeden »gesund« zu machen und vor allem auch, jedem Patienten seine Wünsche, z. B. nicht mehr depressiv reagieren zu müssen, nicht mehr von inneren Zwängen gequält sein zu müssen oder nicht mehr das Leben leer finden zu müssen, keine Freßsucht mehr zu haben oder angstfrei leben zu können, zu befriedigen.

Ein frustrierendes Unterfangen, zumindest, solange wir – der Patient und ich – nicht bereit sind, Idealvorstellungen aufzugeben und uns den Möglichkeiten, die erst mal da sind, zuzuwenden, den Ist-Zustand ins Bewußtsein zu heben, statt Illusionen nachzujagen. Das heißt also – noch einmal – für beide Beteiligten an der Therapie, Grenzen der Persönlichkeit zu akzeptieren. Nicht zuletzt geht es daher für den Therapeuten selbst als wichtige Voraussetzung einer Behandlung darum, eigene Größenphantasien zu erkennen, um sie zu wissen und sich selbst in seiner Fehlerhaftigkeit und Schwachheit nicht völlig zu entwerten, was sicher zwischendurch nicht ausbleibt und eben auch den Therapeuten in Phasen der Depression führen kann, bis es ihm mehr und mehr gelingt, damit zu leben.

An dieser Stelle ist es für mich ganz wichtig, gerade wenn ich mir über Hohe Mark Gedanken mache, im Glauben eine große Hilfe zu erfahren in dem schmerzvollen Prozeß von Entidealisierung und Enttäuschung, auch von Individuation. Denn gerade in dieser Frage, ob ich bereit werde, weiter zu leben in dem Wissen um alle Unvollkommenheit und Begrenztheit meiner selbst, der von mir geliebten und der mir anvertrauten Menschen, ist es für mich existentiell wichtig zu wissen und darauf vertrauen zu lernen, daß Christus gesagt hat: Ich bin gekommen, Sünder zu retten, nicht Gerechte (also Unvollkommene, nicht Ideale), daß also im Evangelium von der Liebe des menschgewordenen Gottes ein unumschränktes Ja zu dieser Begrenztheit liegt, die mir an mir und anderen gerade in Hohe Mark so schmerzvoll erlebbar geworden ist.

Mein Versuch, einen Einblick in unsere Klinik zu geben, muß unvollkommenes Stückwerk sein – einmal wegen der besagten Grenzen, aber auch, weil etwas Wesentliches wohl nur erlebbar, kaum erzählbar ist.

So ereignet sich oft das Wichtigste zwischendurch – ein wie beiläufiger hilfreicher Gedanke eines anderen im rechten Augenblick, ein Lachen – oder ein Weinen beim Wiedersehn, beim Abschied, ein Händedruck, ein Winken im Vorübergehen.

Vielleicht ist es, um den Geist von Hohe Mark zu erleben, das Beste, die offene Begegnung mit einem anderen Menschen zu suchen – und gespannt zu sein auf alles Weitere.

Vom Gott mit nassen Windeln

(Andacht)

»Meine Hilfe kommt von dem Herrn, der Himmel und Erde gemacht hat« Psalm 121, 2

»Guten Morgen! Die Losung für heute steht im Psalm 121, Vers 2 und heißt: Meine Hilfe kommt von dem Herrn, der Himmel und Erde gemacht hat.

Ich weiß nicht, wie es Ihnen geht, aber wenn ich diesen Satz so höre, bewegen mich zwei völlig gegensätzliche Empfindungen dabei. Einerseits ist das ja eine ganz großartige Aussage und etwas Faszinierendes, wenn jemand das von sich sagen und auf einen so allmächtigen Gott vertrauen kann, der ›Himmel und Erde‹ gemacht hat, und andererseits drängt sich mir immer wieder neu die Frage nach dem ›Wie‹ auf. Wie kann ich denn bloß Hilfe von diesem Gott erfahren – manches Mal scheine ich sie nicht zu erfahren. Gerade hier bei uns in Hohe Mark gibt es so viele Menschen (Patienten und Mitarbeiter), die diese Hilfe suchen, sogar auf sie vertrauen und dennoch ständig erschüttert werden in ihrem Glauben, daß der ›Alleskönner‹ Gott, wenn ich das mal so salopp ausdrücken darf, auch sie aus ihrer tiefen Not wirklich herausführt. Ich denke, jeder von uns (ich jedenfalls bestimmt) hat Sorgen und Konflikte, in denen er immer wieder nicht das Eingreifen Gottes so erfährt, wie er es sich wünscht.

Vielleicht gerade deswegen wird in unserem Bibelzitat von heute morgen eine ganz tiefe Sehnsucht berührt, die, wie ich glaube, urmenschlich ist. Endlich scheine ich hier einem nie erreichten, vollkommen guten, allmächtigen Vater oder (und zugleich) einer ununterbrochen an Wärme und Zuverlässigkeit überfließenden Mutter zu begegnen, nach denen ich mich sehne – endlich strahlt mir eine Geborgenheit entgegen, die unseren tiefsten Hunger zu stillen scheint. Und gleichzeitig erlebe ich die Gefahr, ganz klein und minderwertig zu werden vor diesem allmächtigen

Gott mit der Frage, ob so einer mich überhaupt meinen kann und vor allem – wer er denn nun wirklich ist, wo er mir konkret greifbar wird.

Wenn ich an diesem Punkt anfange, mir ein Bild von Gott zu machen, so merke ich, wie ich in Sackgassen lande. Entweder tauchen da nämlich Wunschvorstellungen auf wie die, von denen ich gerade gesprochen habe, oder aber ich kann gar nicht umhin, mir Gott halt so auszumalen wie die Menschen, die ich kenne und besonders wie die, die mich geprägt haben von klein auf – meist Vater und Mutter. Wenn wir uns daran erinnern, steigen sicher in jedem von uns sehr verschiedene Bilder hoch. Da ist beim einen die Mutter, der man es doch nie recht machen konnte (und Gott scheint mit ihm nie zufrieden zu sein), beim anderen die, um deren Liebe zu erlangen, man immer gut funktionieren mußte (und in seiner Vorstellung erwartet Gott stets perfekten Einsatz), der dritte erinnert sich vielleicht an einen Vater, der nur für die Leistungen seines Sprößlings ein Lächeln fand, nicht aber für sein unbeschwertes Kind-Sein und und und.

Wenn ich hier so viele negative Möglichkeiten zitiere, so deshalb, weil ich glaube, daß besonders sie im Wege stehen, uns Vertrauen zu Gott fassen zu lassen. Aber auch die positiven – letztlich alle Bilder, die wir uns von jenem Gott machen, werden unserer eigenen Gefühls- und Gedankenwelt mit entspringen.

Was also tun? Wer ist Gott denn dann wirklich? Was mich bei dieser Frage in der letzten Zeit einmal sehr stark bewegt und betroffen hat, war ein Gedicht von Kurt Marti, eigentlich ein Weihnachtsgedicht, das ich Ihnen jetzt gern weitersagen möchte:

damals
als gott
im schrei der geburt
die gottesbilder zerschlug
und
zwischen marias schenkeln
runzlig rot
das Kind lag

Als ich es zum ersten Mal hörte, fand ich es erschreckend drastisch, brutal und nüchtern.

Auf die Frage, wie Gott den Menschen konkret begegnet, antworten die Christen ja immer mit einem Bezug zu Jesu Christus, der aber oft so weit weg bleibt – vor 2000 Jahren gewesen, Gottes Sohn, auferstanden. Und in wieviel Kirchenliedern begegnet er uns als das süße Krippenkind – oh, wie lacht . . .!

Hier in diesem Gedicht von Kurt Marti begegnet er mir anders. Gott ist hier einer, der alle unsere Bilder, über die wir gerade nachgedacht (und »nachgefühlt«) haben, zerschlägt – im Schrei der Geburt. In diesem Schrei liegt für mich die ganze Vielfalt der Gefühle von Schmerz, von Trennung, Abschied und Angst, aber auch von Hoffnung und Aufbruch, Neugier, Lebensgier. Wie die Geburt eines jeden Kindes uns im Grunde das Nebeneinander dieser tiefsten menschlichen Gegensätzlichkeiten wunderbar lebendig werden läßt, so begegnet uns Gott in diesem Ereignis, das sich seinerzeit ganz nüchtern und fleischlich in Bethlehem abgespielt hat, auch zutiefst lebendig. Zwischen Marias Schenkeln – nicht von güldenen Engeln aus der Höh' herniedergetragen – liegt da das Kind, so wie Sie und ich auch mal angefangen haben.

Es bewegt mich sehr, wenn ich mir das immer wieder neu bewußt mache. Gott präsentiert sich so in Zeit und Raum, und ich kann für mich die Möglichkeit finden, von meinen Gottesbildern hinzukommen zu einer Begegnung mit Christus und so zu neuen Erfahrungen. Gott hat sich selbst entidealisiert in der Geschichte – er ist von seiner grandiosen Unerreichbarkeit, um uns nahe, ja, von uns aufgenommen zu werden, herabgestiegen.

Ganz fassen werde ich das wohl nie, aber wenn ich auf dem Boden des eben Gesagten noch einmal über unser Psalmwort nachdenke: Meine Hilfe kommt von dem Herrn, der Himmel und Erde gemacht hat – so bin ich sehr froh zu wissen, daß mir diese Hilfe dann lebendig und spürbar wird, wenn ich nicht vergesse, daß die Geburt von Jesus als runzlig rotem Kind geschehen ist, in der Gott allen verbogenen Bildern von ihm zum Trotz für uns einer geworden ist, der auch geschrieen hat, der auch nasse Windeln hatte, der auch schmerzvolles Wachsen und Reifen durchlebt und der auch geweint hat.

Ihm zu begegnen, mit ihm zu sprechen, heißt deshalb auch für mich, mit einem zu sprechen, der ums Menschsein zutiefst weiß, vor dem ich mich deshalb auch nicht wegen meiner Unvollkommenheit verstecken muß – einem, mit dem es sich zu sprechen lohnt. Und dazu möchte ich Sie jetzt gemeinsam mit mir einladen: ›Herr, ich danke Dir, daß Du, der Du Himmel und Erde erschaffen hast, mir heute begegnest als der, der, wie ich, schreiendes Kind war. Ich danke Dir, daß Du auch die schreienden Kinder in uns – mit allem, was wir Dir zu sagen haben . . . – hörst, verstehst, liebst und daß Du uns durch Deine Solidarität helfen willst – heute. Amen.‹«

Über Schwierigkeiten beim Zuhören

In meinem Beruf als Psychotherapeut habe ich viel anderen Menschen zuzuhören. Dabei beobachte ich bei mir selber und bei meinen Gesprächspartnern Schwierigkeiten beim Zuhören, die mir selber oder meinem Gegenüber oft zunächst nicht deutlich sind. Im folgenden möchte ich hierzu einige Erfahrungen und Gesichtspunkte weitergeben.

In einer Gruppensitzung mit etwa zehn Teilnehmern berichtete ein Patient von seinen Schwierigkeiten. Er erzählte jammernd und anklagend, daß alle Menschen ihn nicht verstünden, obwohl er sich doch so große Mühe gebe, sich verständlich zu machen. Nicht so sehr die Worte des Patienten als vielmehr das Wie seines Vortrages machte uns übrige ärgerlich. Er verlangte nämlich – das empfanden wir –, daß wir alles zu sehen hätten, wie er es sah, und daß er auf uns und unsere Empfindungen dabei gar nicht einging. Nur seine Sichtweise war die richtige Sichtweise. Als wir ihm das nahebrachten, wehrte er es ärgerlich ab und sagte: »Ihr seid auch nicht besser als alle anderen Menschen, ihr versteht mich auch nicht.« Er hörte nicht, was seine Mitmenschen ihm zu sagen hatten, da er sein Verständnis der Situation als allein gültig betrachtete. Hören auf den anderen aber setzt voraus, daß ich mich als ergänzungsbedürftig ansehe, daß meine Sichtweise der Dinge zwar richtig, aber notwendigerweise einseitig ist. Es geht nicht darum, ob ich oder der andere recht hat, sondern wo ich und wo der andere etwas richtig sieht. Anders ausgedrückt: Es geht nicht um das Entweder-Oder, sondern um das Sowohl-Als-auch. Sowohl ich als auch der andere sehen richtige Gesichtspunkte. Erst in der Zusammenschau dieser und vielleicht noch weiterer Gesichtspunkte gelangen wir zu einem umfassenderen Bild. Solch eine Grundhaltung ermöglicht echtes Zuhören.

Aus der eben berichteten Gruppensitzung können wir entnehmen, daß es also nicht nur darauf ankommt, *was* der Sprecher sagt, sondern daß das Wie ebenso wichtig ist. Auch die Stimmung, in der etwas gesagt wird, und die Beziehung des Hörenden zum Sprecher spielen eine große Rolle. Sprecher und Hörer sind mehr als ein Sender und Empfänger und somit keine »objektiven« Größen, sondern eingebettet in eine jeweilige Umgebung. Die Nichtbeachtung des Umfeldes – oder anders ausgedrückt: die fast ausschließliche Beschäftigung mit dem wortwörtlich Gesagten führt zu Hörschwierigkeiten, mit denen ich mich jetzt im einzelnen beschäftigen möchte.

Wir werden alle von einer Flut von Informationen überschüttet. Was bringen uns Fernsehen, Radio und Zeitungen an Neuem, ebenso der Fortschritt der Wissenschaften! In fünf Jahren ist die Hälfte meines medizinischen Wissens veraltet. Fortbildung ist also in meinem Beruf Grundbedingung, um als verantwortlicher Arzt handeln zu können. Hinzu kommen all die Anliegen der Patienten, mit denen ich konfrontiert werde. Was bekomme ich alles in der eigenen Familie zu hören – und so könnte ich fortfahren.

Wie kann ich mit dieser Überfülle an Informationen umgehen? Ich kann den Ehrgeiz entwickeln, möglichst viel zu hören und zu lesen, werde das eine Zeitlang auch durchhalten, schließlich aber doch nicht mehr nachkommen, dann vielleicht nervös werden, um schließlich in einer Art Resignation völlig hör- und aufnahmeunfähig zu werden. Es ist nämlich wissenschaftlich belegt, daß wir Menschen nur soundsoviel Informationseinheiten je Sekunde aufnehmen können. Wenn der Fußgänger sein Tempo steigern will und aufs Auto umsteigt, dann kommt er sicher schneller voran, schafft mehr Kilometer, doch muß er zugleich auf die vielen kleinen Blumen am Wegesrand, auf viel Besinnliches, auf Entspannung und körperliche Ertüchtigung zugunsten des weiteren Aktionsradius, des geographischen Überblicks und dem Kennenlernen anderer Länder und Kontinente verzichten.

Was ich hiermit verdeutlichen will, ist also die Tatsache, daß wir als Menschen gezwungen sind, eine Auslese zu treffen, wir können unmöglich alle Informationen um uns herum aufnehmen. Diese Auslese erfolgt nicht nur bewußt, sondern auch unbewußt – ohne daß wir uns das Ausleseprinzip oft bewußt klargemacht und uns dafür entschieden haben.

Ein Beispiel: Da habe ich einen Freund mit einer anderen politischen Grundeinstellung als ich selber. Meistens verstehen wir uns gut. Doch wenn wir auf politische Dinge zu sprechen kommen, dann beobachte ich, daß ich abschalte, ohne daß ich es will. Er hat eben halt die andere Einstellung, und mit dieser Bemerkung, die ja gar nicht laut ausgesprochen wird, schalte ich ab und resigniere. Hier bin ich nicht mehr ein Hörender, sondern ordne ihn in eine Schublade ein. Solche Schubladen aber verunmöglichen jedes menschliche Hören.

Jeder von uns spricht zunächst seine Muttersprache. Jede Sprache kann gewisse Inhalte vermitteln und andere nicht. Nicht ohne Grund lernen die Theologen Griechisch und Hebräisch, sie »hören« die Bibel in der Ursprache anders als beim Lesen einer Übersetzung. So ist es auch schwer, einen Ausländer zu verstehen, zu hören, was er eigentlich meint, auch wenn er gut Deutsch spricht. Jede Sprache eröffnet und verschließt je ihre eigenen Geheimnisse.

Die Auslese der Informationen beim Hören wird ferner durch meine Interessen und Wünsche bestimmt. Mit welchen Menschen ich häufig zusammen bin – und wem ich dabei was »abkaufe« –, das hängt doch nicht nur von dem andern ab, sondern sehr stark von meiner persönlichen Einstellung und Ausrichtung. Welche Zeitschriften, Zeitungen oder Bücher ich lese, das ist doch nicht nur von meinem Buchhändler abhängig, sondern viel mehr von meiner Interessenlage. So höre ich das, was mich interessiert und mir gefällt, und höre das nicht, was mir aus diesem oder jenem Grunde nicht gefällt und nicht paßt. Mein »Hörhorizont« ist ein sehr kurvenreiches Gebilde mit vielen Einziehungen und vielen Ausbuchtungen entsprechend meiner Persönlichkeit. Dabei spielt meine emotionale und intellektuelle Aufnahmefähigkeit eine große Rolle, ferner Bedürfnisse des Herzens und des Körpers (z. B. aktiver Fußballer, der sich für Fußball-Ligaspiele interessiert). Vor allem ist mein Hörhorizont aber auch durch meine Idealvorstellungen gekennzeichnet. Dabei begegnen mir als Psychotherapeuten nicht nur kreative und die Persönlichkeit fördernde Idealvorstellungen, sondern auch sog. falsche Ideale, Wunschvorstellungen, die nicht aus der Personenmitte gewachsen sind, sondern ihren Ursprung in der psychischen Verarbeitung eines Traumas, einer seelischen Verwundung und Verletzung, haben.

Ein Beispiel: Da verbrachte ein junger Mann seine ganze Freizeit als Hobbyfunker und nahm Kontakt zu Gleichgesinnten in der ganzen Welt auf. Zu Hause hatte er große Schwierigkeiten, zu Mitmenschen Beziehungen zu pflegen und auszubauen. Nicht das Hobbyfunken als solches war das falsche Ideal, sondern daß es seine ganze Zeit beanspruchte und gewissermaßen ein Ersatz für zwischenmenschliche Beziehungen in seiner näheren Umgebung war, denen er so aus dem Wege gehen konnte. So hörte er nicht, was seine ihm nahen Mitmenschen sagten, er hörte nicht die lebendige Stimme des mitmenschlichen Gegenübers, sondern nur das, was ihm unbekannte Menschen über den Äther sandten. Als eine mitbestimmende Ursache für sein Verhalten war dann zu erfahren, daß er im Elternhaus sehr kommandiert worden war, das war seine seelische Verletzung. Nun versuchte er, der Stimme seiner Eltern – das hieß in diesem Fall gegenwärtigen Menschen – im direkten Gegenüber zu entgehen. Deswegen mußte er jeglichen persönlichen Kontakt vermeiden, da er befürchtete, seine heutigen Mitmenschen könnten ihn in ähnlicher Weise kommandieren.

Ich möchte nun im folgenden Hörstörungen in drei Richtungen untersuchen:

A) das Hören auf das eigene Innere (Dimension der Selbstwahrnehmung),
B) das Hören auf den anderen (zwischenmenschliche Dimension),
C) das Hören auf Gott (geistliche Dimension).

A) das Hören auf das eigene Innere (Dimension der Selbstwahrnehmung)

Es ist eine merkwürdige Tatsache, daß viele Menschen nicht in der Lage sind, in sich hineinzuhorchen und eigene Bedürfnisse und Wünsche wahrzunehmen. Nicht das, was ihr ureigenstes Bedürfnis ist, nehmen sie wahr, sondern sie hören beispielsweise die Stimme der Mutter, die ihnen in der Jugend einprägte: »Anna, du mußt sparen!« »Man muß arbeiten und nicht faulenzen!« »Du mußt dich um den andern kümmern!« »Du mußt Spitze sein!« – Dabei ist der Betreffende im Augenblick erschöpft, und etwas Entspannung täte ihm viel besser. Er aber muß jetzt seiner Stimme folgen und arbeiten. Solche Sätze sind nicht immer Sätze, die die Eltern ihren Kindern bewußt mitgaben, sie können aber die Einstellung der Eltern zu den Kindern ausdrücken.

Es kann auch sein, daß ein anderer hört: »Das kannst du mir doch nicht antun!« Und so unternimmt er etwas, wozu er im Grunde gar nicht in der Lage ist, was ihn überfordert und gereizt macht.

Wieviel Ehekonflikte, Spannungen am Arbeitsplatz und zwischenmenschliche Mißverständnisse haben ihren Ursprung in dem Hören auf das »man muß«, »das gehört sich doch nicht!«, wo Menschen in Wahrheit auf Grundsätze anderer Menschen hören und nicht im Selbstgespräch mit sich selber oder z. B. beim Tagebuchschreiben prüfen, was sie denn eigentlich selber dazu zu sagen haben und selber wollen.

Noch schwieriger ist es, unsere Körpersprache zu verstehen. Bekommt ein Mann z. B. Kopfschmerzen oder eine Frau Kreislaufbeschwerden, dann müssen in der Regel diese Beschwerden weg. Daß der Körper vielleicht damit etwas sagen und ausdrücken möchte, daß die verschiedenen Körpersymptome nicht nur Hinweise auf Fehlfunktionen sind, sondern eine Botschaft – wenn auch eine verschlüsselte Botschaft – enthalten, daran wird häufig nicht gedacht oder diese Botschaft überhört. Die Aussage dieser Symptome könnte z. B. lauten: »Ich will nicht mehr, es ist mir alles zuviel.« Doch meistens wird eine psychische Ursache der Beschwerden nicht gerne ins Auge gefaßt und dann überhört.

Eine Patientin Anfang 50 kam nach einem Unfall und langandauernder ambulanter Behandlung zu uns, weil die Schmerzen im Fuß nicht nachließen. Sie hatte etliche Ärzte bemüht, ohne daß diese ihr helfen konnten. Schon die Aufnahme in die Klinik brachte ein Zurücktreten der

Schmerzen, deren Bedeutung dann in weiteren Gesprächen hier aufgehellt werden konnte.

Ich habe die Erfahrung gemacht, daß es hilfreich ist, auf seine eigene Sprache zu achten. Meine Redewendungen und Floskeln, die ich scheinbar unbeabsichtigt in das Gespräch einflechte und einfließen lasse, sagen, wenn ich hinzuhören vermag, Erstaunliches über mich und mein Unbewußtes aus. Ich werde von vielen Menschen, die ich auf ihre Sprache in dieser Weise anspreche, mit der Aussage abgewiesen, so genau sei nun das Ganze nicht gemeint. Oft bekomme ich dann noch zu hören, ich würde mich an einzelnen Ausdrücken, wie das häufig gebrauchte »man« oder »ich muß« festbeißen und meinen Gesprächspartner nicht so verstehen, wie er sich selber verstehe. Dabei ist mein Augenmerk hier gar nicht auf das bewußte Selbstverständnis gerichtet, sondern es geht um das Hinhören und Kennenlernen der aus der Tiefe der sprechenden Persönlichkeit verborgenen Ängste und Zwänge.

Dazu ein Beispiel: Während meiner Zeit an der Tübinger Universitäts-Nervenklinik gerieten zwei Ärzte über eine Patientin in Streit. Jeder behauptete, die Patientin besser zu verstehen. Nach einiger Zeit begriffen beide, daß jeder nur eine Seite dieser Frau verstanden hatte, und es zwei unversöhnliche Seiten in der Patientin waren, die sie nicht miteinander hatte integrieren können und die nun in dem Streit der Ärzte ihre Entsprechung fanden.

B) *das Hören auf den anderen* (die zwischenmenschliche Dimension)

Wenn ich einem Menschen sage, er höre nicht hin, wird er dieses im allgemeinen als einen Angriff verstehen und sich in irgendeiner Weise verteidigen. Das bedeutet: Wir alle erheben den Anspruch, nicht nur hörfähig zu sein, sondern eine umfangreiche Hörfähigkeit auch im Alltag zu praktizieren. Die Schwierigkeit liegt hier, so meine ich, an der Tatsache, daß wir nicht genügend differenzieren und abstufen. Ich meine damit die Tatsache, daß bei einem Gespräch über das Wetter oder auf die Frage nach der Uhrzeit ich voraussichtlich von jedem durchschnittlichen Mitbürger auf einer sachlichen Ebene eine entsprechende Reaktion erhalten werde. Wenn ich aber verschiedene Menschen um etwas Tiefergehendes oder Persönlicheres bitte, wird die Reaktion (= das, was der andere hört) schon sehr verschieden ausfallen. Subjektiv wird der andere nämlich ganz Verschiedenes hören und entsprechend reagieren. Da fällt mir jene Einladung neulich ein, bei der unser Besuch redete und redete und erwartete, daß wir ausdauernd zuhörten. Er selber war wenig in der Lage, etwas aufzunehmen und Interesse auch für unsere Belange zu zeigen.

In einem Ehepaargespräch vor kurzem bezeichnete der Ehemann das, was die Frau sagte, als »Quatsch«. Ich verstand, daß er Quatsch, d. h. Unsinn, Sinnloses verstanden hatte, und daß er nicht begriffen hatte, was die Frau ihm mit ihrer Aussage mitteilen wollte.

Für das Zuhören als Therapeut ist also wichtig, daß ich das, was der andere zu dem von mir Gesagten äußert, als bedeutsam ansehe, auch wenn es mir völlig an der Sache vorbeizugehen scheint und verschlossen bleibt.

Der andere hat vielleicht meine Worte ganz anders aufgefaßt, als ich sie meinte. Vielleicht fühlte er sich provoziert, geringschätzig behandelt, überfordert, oder er meinte, ich mache mich über ihn lustig. So gibt es viele Möglichkeiten, etwas Gesagtes zu verstehen. Und entsprechend wird die Antwort ausfallen. Wobei zu bedenken ist, daß die Reaktion des anderen durch das, wie ich es sagte, wie unsere gegenseitige Beziehung ist, durch seine »Brille« bestimmt ist. Mir scheint es wichtig zu betonen, daß jede Antwort eine Antwort ist, auch wenn sie vielleicht gar nicht danach aussieht oder mir als Antwort paßt oder mich als Antwort befriedigt.

Wenn ich beispielsweise auf meine Frage Schweigen als Antwort bekomme, so gilt es, diese Antwort als Antwort zunächst zu akzeptieren und dann aufzuschlüsseln. Hat mein Gegenüber vielleicht gar nicht meine Frage gehört, weil er zu sehr mit sich beschäftigt war, oder will er mir nicht antworten, oder braucht er Zeit zur Antwort, oder fühlt er sich unwohl bei meiner Frage, oder kämpft er mit seinem Ärger über meine Frage?

Ja, keiner kann verhindern, daß sein Reden oder Verhalten in irgendeiner Weise Antwort ist. Oft läuft allerdings das Gespräch in eine unbeabsichtigte Richtung. Bin ich nun bereit, auf diese neue Wendung einzugehen, oder halte ich an meinem Konzept und Gesprächsplan fest und zwinge den anderen in meine Gedankenbahnen?

Für das Zuhören erscheint mir wichtig, daß ich mir erstmal klar werde, welche Gefühle das Gesagte oder das Schweigen in mir weckt. Erlebe ich, daß ich neugierig werde, finde ich Gefallen an dem Gesagten, oder weckt es meinen Ehrgeiz? Auf eine »alte Platte oder »viel Worte um nichts« oder etwas Langweiliges werde ich anders reagieren. Wenn der andere mir zu persönliche Fragen stellt, oder ich Stichelei oder Herabsetzung spüre, dann gerate ich in Anspannung. So lassen sich ganz verschiedene Gefühlszustände unterscheiden, deren bewußte Wahrnehmung mir die Orientierung erleichtert. Das gilt ganz besonders, wenn das Gesagte mich beispielsweise verwirrt und ich nicht klarsehe. Dann ist es hilfreich, sich erst einmal die eigene Verwirrtheit einzugestehen und nicht krampfhaft oder künstlich dem Ganzen einen Sinn zu geben.

Hindernisse beim Zuhören können in der Person des Hörers oder außerhalb von ihm liegen. Da bekam ich beispielsweise neulich, als ich es sehr eilig hatte, Besuch von einem Mann mit einem dringenden Anliegen. Ich habe ihm dann verdeutlicht, daß ich in Eile war, und habe diese meine Schwierigkeit mit ihm zunächst besprochen. So habe ich ein scheinbares Zuhören, wo ich im Grunde besetzt war und für mein Gegenüber nicht offen war, vermieden. Nicht immer gelingt es mir allerdings, zunächst mir und dem anderen mein inneres Nichtoffensein einzugestehen.

Was ist zu tun, wenn das Gesagte des Gegenübers einen langweilt? Auch da zeigt es sich als kreativ, wenn der Therapeut sich sein Gelangweiltsein zunächst klarmacht und dann untersucht, was dieses Gefühl in ihm weckte.

Dieser Gesichtspunkt hat Allgemeingültigkeit. Wenn den Hörer etwas zu sehr am Hören stört, dann ist es besser, das Störende zunächst in den Mittelpunkt zu rücken, als in selbstquälerischer Weise dagegen anzukämpfen. In der Themenzentrierten Interaktion (TZI), einem psychotherapeutischen Verfahren, heißt es kurz: »Störung hat Vorfahrt«. Dabei sind natürlich Störungen verschieden stark, und der Therapeut muß entscheiden, wann diese Regel für ihn anzuwenden ist.

Am Anfang meiner Ausführungen hatte ich schon hervorgehoben, daß im allgemeinen zuviel Augenmerk auf das Wortwörtliche und zu wenig Augenmerk auf das Wie des Gesagten gelegt wird. Unter was für Umständen teilt mein Gegenüber mir etwas mit? Ich habe beobachtet, wie hilfreich es ist, diesem Gesichtspunkt größere Beachtung zu schenken. Im 3. Kapitel des Johannes-Evangeliums wird uns berichtet wie der Pharisäer Nikodemus bei Nacht zu Jesus kam und mit ihm etwas besprechen wollte. Diese Tageszeit – genauer Nachtzeit – drückt ja schon einen großen Teil der Schwierigkeiten des Nikodemus aus. So zu tun, als ob das nur eine Nebensache wäre, hieße, die Schwierigkeiten des Nikodemus in ihrem Kern verkennen. Oft ist das Wie des Gesagten ja viel wichtiger als das Was. Jesus greift in der Nikodemus-Begegnung die Nachtstunde am Ende des Gesprächs ausdrücklich auf und verdeutlicht seine Aussage am Gegensatz von Licht und Finsternis.

Wichtig erscheint mir auch zu erkennen, ob die Störung von meinem Gegenüber oder von mir ausgeht. Je mehr ich mich selber kennengelernt habe, desto eher werde ich hier unterscheiden können und erfassen, ob eine kritische Seite meiner eigenen Persönlichkeit und meines Charakters angesprochen ist, oder ob die Störung mehr von meinem Gegenüber ausgeht. Wenn mein Gegenüber mich beispielsweise idealisiert: »Herr Doktor, ich vertraue ihnen vollkommen«, und mir übermenschliche Fähigkeiten zuschreibt, wie ich ihm helfen könne, dann kann das mir sehr schmeicheln. Erkenne ich dies Verhalten aber als seine Schwierigkeit, daß er sich selber zu wenig zutraut oder sich um Selbstverantwortung drückt, dann kann ich diesen Punkt ansprechen, zum Thema machen und damit unser Gespräch wieder ins Lot bringen und ihm eine schöpferische Note geben.

Der Psychoanalytiker Michael Balint hat davon gesprochen, daß Menschen mit seelischen Konflikten einen sechsten Sinn haben und herauszuspüren vermögen, was die spezifischen Gefühle des Gesprächspartners sind, was er hören möchte und was ihm gefällt. So paßt sich der Hilfesuchende dann dem Helfer an, kommt aber nicht auf seine eigene spezifische Not zu sprechen. Auch hier gilt es, hellhörig zu sein und zu erkennen, was – sicher unbewußt – gespielt wird. Da erzählen mir beispielsweise immer wieder Patienten bei der Visite etwas von sich. Frage ich sie dann, warum sie mir das erzählen, erhalte ich zur Antwort, daß ich ja sicher das hören wolle. So haben sich die Patienten Gedanken gemacht, was sie meinten, daß ich hören wollte, und haben nicht das gebracht, was ihnen wichtig war.

C) *das Hören auf Gott* (die geistliche Dimension)

Es ist sicher eine künstliche Dreiteilung, wenn ich zwischen dem Hören in sich selber hinein, dem Hören auf den anderen und dem Hören auf Gott unterscheide. Und doch mache ich die Erfahrung, daß es aus didaktischen Gründen hilfreich ist, diese Unterscheidung zu treffen und in der psychotherapeutischen Behandlung oft in dieser Reihenfolge die Hörfähigkeit steigt.

Was ich im folgenden zum Thema Hören auf Gott sage, ist also eng begrenzt durch meinen Blickwinkel als christlicher Psychotherapeut und bedarf der Ergänzung durch den Theologen.

Das Kleinkind nimmt zunächst nur sich und seine Wünsche wahr – die Mutter dient ihm zum Stillen seiner Bedürfnisse. Zunehmend erkennt es dann erst die Mutter, später den Vater und schließlich seine Umgebungspersonen als eigenständige Wesen. Und durch die Mutter, den Vater, den Pfarrer und andere erfährt es von Gott. Paulus drückt das im Römerbrief (10, 17) so aus: »Der Glaube kommt aus der Predigt.« Auf Gott hören setzt somit voraus, daß er uns zunächst verkündigt wird.

In meiner psychotherapeutischen Praxis erlebe ich, wie die Personen die uns Gott verkündigt haben, unser Gottesbild prägten und manchmal verfälschten. Gott der Vater und unser leiblicher Vater fließen durch unsere Urerfahrungen in frühester Kindheit oft zusammen. Es muß aber nicht der leibliche Vater allein sein, die Mutter oder andere

Personen, die in der frühen Erziehung eine große gefühlsmäßige Rolle spielten, bestimmen häufig wie ein Filter unser Hören auf Gott in positiver wie in negativer Richtung. Denn es sind ja Erfahrungen und Erlebnisse, die unser Hören bestimmen – nicht in erster Linie unser Wissen.

In Predigtnachbesprechungen, die ich nach Sonntagsgottesdiensten hier gehalten habe, hat mich immer wieder beeindruckt, wie nicht das, was mir bei der Erarbeitung eines Predigttextes wesentlich wurde und was ich – so möchte ich meinen – auch deutlich weitergegeben habe an biblischen Zusammenhängen, den Hörern bedeutungsvoll geworden war. Stattdessen beschäftigten sich manche Hörer mit wichtigen Einzelaussagen, die wohl mit ihren Lebensfragen und ihrer Gottesbeziehung in engerem Zusammenhang standen.

In der Bibel werden wir immer wieder aufgefordert, auf Gottes Gebote und Gottes Wort zu hören. »Höre, Israel, der HErr ist unser Gott, der HErr allein« (5. Mose 6, 4). Angeboten wird Gottes Wort oft, aber Menschen hören nicht hin, weil sie davon nichts erwarten. Gottes Stimme ist oft leiser als die Stimme der Mitmenschen, und es ist leichter, auf den Menschen als auf Gott zu hören. Gott drängt sich uns nicht auf. Es gilt vielmehr das Wort der Offenbarung (3, 20): »Siehe, ich stehe vor der Tür und klopfe an. So jemand meine Stimme hören wird und die Tür auftun, zu dem werde ich eingehen und das Abendmahl mit ihm halten und er mit mir.«

Immer wieder mache ich die Erfahrung, daß Menschen für Gottes Wort in der überkommenen, gewohnten Form taub geworden sind und es erst wieder zu hören beginnen, wenn es ihnen gelingt, biblische Aussagen mit neuen eigenen Erfahrungen zu verbinden. Dazu ein Beispiel:

Eine Patientin hörte bei fast jeder biblischen Aussage eine Verurteilung ihrer selbst. So haben wir über ihr Selbstwertgefühl gesprochen. Das war unser Thema. Die zwischenmenschliche Bearbeitung dieser Schwierigkeit und das Erleben, daß sie hier angenommen war, half ihr dann auch zu erfassen, daß Gott sie als Partner will und annimmt. Es hat eine lange Zeit gedauert, bis es ihr möglich war, Gottes Wort ohne moralische Disqualifizierung zu hören. Denn

Moral hat ja meistens mehr mit den verinnerlichten formalen gesellschaftlichen Normen zu tun – in psychoanalytischer Sprache mit dem Über-Ich – und weniger mit einer echten Beziehung zu anderen Menschen und Gott.

Die geistlich-therapeutische Aufgabe, in die ich immer neu hineingestellt werde, besteht oft darin, Menschen zu helfen, Gottes Wort von verzerrten christlichen Lebensauffassungen zu unterscheiden. Ich meine damit die Tatsache, daß Menschen aufgrund der Verkündigung in ihrer Heimatgemeinde und der dort bestehenden christlichen Lebenseinstellungen einerseits und aufgrund eigener innerpsychischer Schwierigkeiten andererseits zu pseudochristlichen Einstellungen, Haltungen und Wertvorstellungen gelangt sind, die sich weder von der Bibel noch von der Psychologie her halten lassen. Ich maße mir damit nicht an zu behaupten, daß die Lehre einer christlichen Kirche oder Gemeinschaft falsch ist. Ich meine hier vielmehr ausgesprochene oder unausgesprochene christliche Grundsätze, die in dieser verkürzten Form der biblischen Wahrheit nicht gerecht werden. Denken Sie doch beispielsweise an den Satz: »Liebe deinen Nächsten«, wo Jesus doch gesagt hat: »Liebe deinen Nächsten wie dich selbst.« In der ersten Form lenkt dieser Grundsatz von mir selber ab und richtet das Interesse nur auf den anderen. Da das aber kein Mensch kann, kommt dann das eigene Ich in verborgener, versteckter Form an einer anderen Stelle wieder heraus. Ein zweiter solcher Grundsatz wäre: Man muß immer den unteren Weg gehen. – Auch diese Aussage ist biblisch nicht gedeckt. Wir finden an vielen Stellen des Neuen Testaments, wo Jesus oder die Jünger sich gewehrt haben, um der Wahrheit willen gewehrt haben; unbewußt wird so ein Satz aber von vielen Menschen benutzt, um die eigene Hemmung im aggressiven Bereich christlich zu begründen. Solche Einstellungen dienen dann meist dem Festhalten an einem krankhaften psychischen Gleichgewicht und stehen einer eigenen christlichen Entwicklung und Prägung im Wege.

Dazu ein Beispiel: Ich denke da an jenen Mann, der zu mir kam, nachdem er geheiratet hatte. Die Umstände, unter denen die Eheschließung zustande gekommen war, wurden geistlich begründet – es war für ihn alles Führung Gottes.

Andererseits – und das spürte er – konnte da etwas nicht stimmen. Fragte ich nun genauer nach und ließ mir von ihm erklären, was ihn zu der Erkenntnis geführt hatte, daß es Führung Gottes sei, so fiel ihm das Reden hierüber sehr schwer. Im Laufe vieler weiterer Gespräche bekam er Gesichtspunkte und Worte Gottes ins Blickfeld, deren Bedeutung er vorher nicht für sein Leben erfaßt hatte. So gewann er im Laufe der Zeit den Mut, sich und seine Ehe auch unter neuen Aspekten zu sehen, die ihm bis dahin verschlossen waren. Er hatte sich bis dahin immer vorgestellt, daß ihm ganz klar sei, wie eine christliche Ehe auszusehen hätte, und lernte nun, daß das Leben komplizierter und vielfältiger ist und daß in der Ehe leben ein Wachstum im Glauben bedeutet. Das war ein schmerzlicher Prozeß.

Solche Schwierigkeiten treten häufiger auf. Da haben Menschen eine Erfahrung mit Gott gemacht – sie haben das Wirken des lebendigen Gottes in ihrem Leben erfahren –, und nun meinen sie, Gott müsse in gleicher oder ähnlicher Weise ihr ganzes weiteres Leben mit ihnen umgehen. Häufig steckt da auch ein dem Menschen gar nicht bewußtes Umgehen der Verantwortung für das eigene Leben vor Gott. Gott will aber unser Leben in viele Richtungen entfalten und uns unsere eigenen Erfahrungen machen lassen. Wir haben zu lernen, immer wieder neue Entscheidungen vor ihm zu treffen. Es gibt nun Menschen, die meinen, Gott treibe uns immer in eine Richtung. So werden sie in notvoller Weise einseitig und hören Gottes Wort nur mit Scheuklappen. Ich denke da an jene Äußerung, die ich vor vielen Jahren in England hörte: »He has lost his vision« (er hat seine Berufung verloren). Damit meinte der Sprecher, daß der Betreffende genau auf einem Wege sein Leben fortsetzen müsse, wie der Sprecher es sich dachte, und er sah nicht, daß Gott immer wieder neue Ausrichtungen und Impulse in unser Leben gibt und sich gerade dadurch als lebendiger Gott erweist.

Die vorhin erwähnte Patientin, die bei allem nur die Verurteilung – das ist Sünde – hörte, ist auch ein Beispiel hierfür. Sie nahm nur wahr, daß Gott ein Gott ist, der Sünde straft. Sie hörte aber nicht, wenn Gott auch in anderer

Weise zu ihr sprach, wenn er ihr seine Gnade und Barmherzigkeit und auch die Vergebung der Sünden zusprach. Sie kannte nur den Gott, der die Sünde straft. Aber gerade dagegen opponierte es in ihr, und diese Opposition geschah zu Recht. Denn sie litt unter einem notvollen Bild von Gott.

Bei frommen Menschen fällt häufig die Glaubensschwierigkeit auf, daß sie nicht hören und in sich aufnehmen können, daß sie zu ihrer Erlösung keine eigene Leistung zu erbringen haben. Durch ihre Vielgeschäftigkeit wollen sie ihren Gott gnädig stimmen. Untersucht man die Hintergründe für dieses Verhalten, dann wird oft sichtbar, daß sie nicht glauben können, daß Gott sie annimmt, wie sie sind. Sie nehmen sich selber nicht aus Gottes Hand, sondern müssen ihr »Image« vor Gott durch große Aktivität unter Beweis stellen. Diese Aktivität überfordert sie aber, und sie fühlen sich erschöpft. Sie tun ja viele Dinge, die Gott gar nicht will. Sie können nicht erleben (und ich meine das Erleben und nicht das Wissen), daß Gott sie liebt. Aus Gottes Wort hören sie nur die Aufforderung zur Aktivität, nicht aber das Ruhen in Gott, wie es uns das 4. Kapitel des Hebräerbriefes beschreibt. Wie viele Christen rasen von Tag zu Tag, und auch der Sonntag ist für Sie kein Ruhetag. Hören, auch das Hören auf Gottes Wort, ist aber ohne Ruhe nicht möglich.

Mit den bisher beschriebenen Hörstörungen habe ich nur einige wichtige Schwierigkeiten, die mir beim Bedenken des Themas kamen, herausgearbeitet. Die Schwierigkeit meines Themas liegt vor allem darin, daß meine Hörstörung mir selber meistens gar nicht bewußt ist. So kann auch eine solche Beschreibung von Schwierigkeiten beim Hören nicht dazu führen, daß ich hier umgehend Abhilfe schaffen kann. Dazu sitzt so eine Not viel zu tief. Vielleicht haben die bisher genannten Gesichtspunkte und Erfahrungen dazu angeregt, nach Hörstörungen im eigenen Leben zu fragen. Dann hätten sie ihren Zweck erfüllt.

Erwartungen des Patienten und Möglichkeiten der Psychotherapie

Die meisten Patienten, die zu uns kommen, haben eine organmedizinische Durchuntersuchung hinter sich, die ohne Ergebnis blieb. Also muß es etwas »Vegetatives« (wer weiß schon, was das ist?) oder etwas »Psychisches« sein.

Nicht ganz so häufig kommen Patienten zu uns, bei denen primär psychische Symptome wie Angst, Depressivität, Hemmungen, Arbeitsstörungen oder eheliche Konflikte als die Hauptsymptome vorliegen. Es ist eben »anständiger« ein organisches als ein psychisches Symptom zu haben, und das bewirkt wohl, daß psychische Störungen sich so häufig im somatischen Bereich auswirken. Wir kommen damit gleich zu einem Hauptproblem der Psychotherapie: Es gilt als Schande, neurotisch oder psychosomatisch krank zu sein. Ein anständiger Mensch ist nicht psychosomatisch krank – er reißt sich zusammen, und dann bewältigt er die anstehenden Schwierigkeiten.

Wer dem Gebiet der psychischen Krankheiten sich nähert, muß sich dieser Schwelle bewußt sein. Jeder Patient, der zum Psychotherapeuten kommt, hat diese Schwelle schon überschritten. Viele Patienten kommen aber nicht zu uns, weil die Umgebung diese Schwelle so hoch macht oder innere Gründe des Patienten selber die Schwelle dermaßen erhöhen, daß der Gang zum Psychotherapeuten fast einer Ächtung gleichkommt. Das trifft in sehr starkem Maße gerade für viele christliche Patienten zu.

Dazu ein Beispiel. Ich möchte hierbei bemerken, daß dieses und die folgenden Beispiele durch Unkenntlichmachung der Persönlichkeit so abgewandelt worden sind, daß das Arztgeheimnis gewahrt bleibt, die Dynamik des Geschehens aber trotzdem erhalten und sichtbar wird.

Maria war als Missionarin schon in frühen Jahren ausgereist. Auf dem Missionsfeld kam es nach einiger Zeit zu Auseinandersetzungen mit dem recht autoritären Missionsleiter, der von ihr verlangte, ihr Seelsorger zu sein. Nach schweren inneren Kämpfen entschloß sie sich, die Mitarbeit in dieser Missionsgesellschaft aufzugeben, und fuhr in ihre Heimat zurück, wo sie jedoch in der Folgezeit unter unklaren depressiven Zuständen litt. Wegen der Depressivität suchte sie erst einen Nervenarzt in Bayern auf und kam später zu mir. Ich behandelte sie zunächst ambulant, ohne ihr in den wenigen Gesprächen wesentlich helfen zu können. Eine von mir vorgeschlagene stationäre psychotherapeutische Behandlung lehnte sie ab, da sich ihre Depressionen angeblich gebessert hätten. Dieses teilt sie mir jedoch fernmündlich mit, während sie sonst immer persönlich kam. Ich wurde den Verdacht nicht los, daß die Umgebung ihre Entscheidung stark beeinflußt hatte. Die mir bekannte unausgesprochene Einstellung lautete etwa folgendermaßen: Ein Christ braucht nur sein Verhältnis mit Jesus in Ordnung zu bringen, dann ist alles wieder im Lot – einen Psychotherapeuten braucht er nicht. So kam es nicht zu einer aus meiner Sicht angebrachten psychotherapeutischen Behandlung.

Ich habe mit Bedacht ein Beispiel aus dem christlich engagierten Raum gewählt, da die Schwelle hier oft sehr hoch ist. Hat ein Patient jedoch diese Hürde genomme und sich zum Psychotherapeuten begeben, dann kommt er oft mit dem Mut der Verzweiflung und sagt etwa: »Tun Sie mit mir, was Sie wollen – helfen Sie mir nur. Es ist ganz egal, was Sie tun, das Wichtigste ist nur, daß es hilft.«

Ein anderer – ein christlicher Patient – sagte zu mir: »Herr Doktor, ich habe ein solch grenzenloses Vertrauen zu Ihnen, weil Sie ein christlicher Arzt sind. Sie werden mir sicher helfen können.« Beiden Patienten gemeinsam war die Einstellung, die die meisten Patienten haben, wenn Sie zum Arzt gehen: Ich sage dem Arzt meine Symptome, und dann macht der Arzt etwas damit, sei es medikamentös, sei es operativ, oder er gibt einen Ratschlag.

Mit solch einer Einstellung des Patienten können wir als Psychotherapeuten aber noch nicht arbeiten. Uns reicht auch nicht die Versicherung des Patienten, er wisse, daß er im Falle der Psychotherapie selbst aktiv mitarbeiten müsse.

Bedenken wir doch: Die übliche Arzt-Patienten-Beziehung ist meist von magischen Erwartungen des Patienten besetzt, während der Arzt in ihr eher nach rationalen Gesichtspunkten handelt. In der Psychotherapie dagegen entwickelt sich ein emotionaler Prozeß zwischen Therapeut und Patient, in dem nicht nur *über* die Schwierigkeiten des Patienten gesprochen wird, sondern diese in der Zweierbeziehung zum Arzt oder in einer Gruppe von Mitpatienten erlebt werden. Das Erleben und das Durcharbeiten vorhandener emotionaler Nöte sind die Voraussetzung wirksamer Hilfe auf unserem Fachgebiet. Neurose verstehen wir ja als die Fortdauer von Resten verbliebener Kindlichkeit – also als ein partielles Entwicklungsdefizit, das durch das Zusammenspiel widriger äußerer und begrenzender innerer Umstände (Erbfaktoren, frühkindliche Prägung) zustande kam. Da der Patient mittlerweile in anderen äußeren Umständen lebt und als Gesamtpersönlichkeit gewachsen ist, besteht häufig die Chance, in Begleitung eines vertrauenswürdigen Therapeuten die notvolle Kindheit nochmal zu erleben und in der schützenden therapeutischen Beziehung zu wachsen und zu einer Neuorientierung zu kommen.

Was ich hier mit wenigen vereinfachenden Worten geschildert habe, ist in Wirklichkeit natürlich ein viel komplexerer Prozeß, den ich im folgenden an Beispielen wohl beschreiben, aber nur sehr begrenzt erlebbar machen kann. Erleben kann man dieses Geschehen nur, indem man sich selber darauf einläßt. Aus diesem Grunde kann auch nur so wenig Wesentliches über Psychotherapie aus Büchern erfahren werden.

Karl ist ein erfolgreicher leitender Angestellter einer größeren Firma. Er hatte bald geheiratet, und der Ehe entsprang 1 Kind, das gut gedieh. Sowohl er wie seine Frau arbeiten aktiv in der christlichen Gemeinde mit. Alles schien gut zu laufen.

Eines Tages überfielen ihn unklare Herzschmerzen mit Atemnot, die zur Eileinweisung ins Krankenhaus führten. Die gründliche Durchuntersuchung ergab keinen organischen Befund. Nachdem in der Folgezeit sich solche Anfälle wiederholten und eine depressive Verstimmtheit hinzutrat, rieten christliche Freunde ihm, er solle doch einen Psychotherapeuten aufsuchen, und so kam er zu mir. In der ersten Begegnung machte er mir einen weichen, fast unterwürfigen

Eindruck, was im seltsamen Kontrast zur erfolgreichen beruflichen Karriere stand. Er schilderte, wie er seinen Anfällen hilflos ausgeliefert sei, und die bisherige medikamentöse Behandlung ihm wohl etwas helfe, letzten Endes aber der Zustand sich dadurch nicht wesentlich verändere. Sein Anliegen an mich war,daß ich ihm auf psychotherapeutische Weise seine Beschwerden nehme. Seine Vorstellung die war, daß die Psychotherapie besseren Medikamenten entsprechen sollte, als wie er sie bisher bekommen hatte. Ich verdeutlichte ihm, daß ich diesen Erwartungen nicht entsprechen könne, ich aber bereit wäre, mit ihm sein Leben anzuschauen und es zu bedenken. Diese Aussage bedeutete für ihn eine Enttäuschung und ein Angebot. Sie war Enttäuschung, weil ich nicht der potente magische Heiler war, den er sich irgendwo wünschte. Ohne daß der Arzt es will, ist er oft in den Augen der Patienten der Magier, der in der Lage ist, die Krankheitsnot zu beseitigen. Diese magischen Erwartungen in die fast grenzenlosen Möglichkeiten des Arztes und die Unanschaulichkeit dessen, was im Laufe des psychotherapeutischen Prozesses geschieht, führen oft zu Erwartungen an den Psychotherapeuten, die dieser nicht einlösen kann. Überhaupt habe ich den Eindruck, daß heute die Möglichkeiten der Psychotherapie von manchen überschätzt, von anderen aber auch unterschätzt werden.

Karl war schließlich bereit, sich auf einen längeren ambulanten psychotherapeutischen Prozeß einzulassen. Dieser sollte, wie sich später herausstellte, über zwei Jahre dauern bei einer Frequenz von zwei 50minütigen Sitzungen pro Woche, also insgesamt über 200 Sitzungen. Da sich zunehmend ein Ehekonflikt auf dem Boden einer noch nicht erfolgten Ablösung von der Mutter herausstellte – wie wir das in unserer Fachsprache so nüchtern und wenig nacherlebbar ausdrücken, haben wir die letzten 60 Sitzungen zusammen mit der Ehefrau durchgeführt.

Was geschah denn in diesen 200 Stunden? »Reden kann ja jeder, nur die Psychotherapeuten verstehen, das in Geld umzumünzen« – sagen böse Zungen. Aber es geht ja nicht um das Reden allein – es geht darum, daß ein Mensch in der Begegnung mit einem zweiten Menschen wagt, sich selber kennen und akzeptieren zu lernen. Karl wollte von mir Ratschläge, was er denn anders machen solle in seinem Leben. Ich sagte ihm in immer neuen Variationen, daß es nicht darum ginge, daß er sich ändere, sondern daß er Mut fasse, sich als der zu begegnen, der er war – vor sich selber, vor mir als seinem Therapeuten, vor anderen Mitmenschen, vor Gott. Wenn ein Mensch den Mut faßt, auf bisheriges bewußtes und unbewußtes Verstecken vor anderen zu verzichten, und sich auf die Suche nach seiner eigenen Identität begibt, dann gibt es Veränderungen, aber er macht sie nicht. Wir sind als Menschen alle durch unsere Vorerfahrungen, durch Ängste und widrige Umstände, durch Idealvorstellungen, innere Ansprüche und unsere Triebbedürfnisse geprägt. In unserer Kindheit haben wir durch unsere Abhängigkeit von den Eltern und unsere Ohnmacht gegenüber unerträglichen Situationen Überlebensstrategien entwickelt, die in der Kindheitssituation ihre sehr wesentliche Bedeutung hatten, im Erwachsenenleben aber als anachronistische Überbleibsel früher Prägungen und Verwundungen ihre oft lebensfördernde oder gar lebensermöglichende Funktion verloren und zu Behinderungen und Einengungen der jetzt anderen und größeren Möglichkeiten führen.

Als Karl aus seinem Leben erzählte, entdeckten wir gemeinsam alte reflexartig ablaufende starre Verhaltensweisen, deren Automatismus ihm bisher verborgen geblieben war. Ich denke da an seinen Zwang, andern helfen zu müssen. Helfen ist sicher etwas Gutes, wenn ich aber zu möglichen und unmöglichen Zeiten helfen *muß*, dann wird der zwanghafte Mechanismus des Ganzen deutlich. Entstanden war dieser Mechanismus aus seinem Bemühen, die Liebe der Mutter zu gewinnen. So hatte er mehr und mehr einseitig die Bedürfnisse der Mutter ins Blickfeld bekommen und zugleich seine eigenen verleugnet.

Es wurden auch seine Bedürfnisse nach Nähe und Anerkanntwerden deutlich, die ihn in eine unglückliche Verstrikkung mit einer Partnerin geführt hatten. Als Christenmensch sah er die Schuld vor Gott, kam aber aus dieser Beziehung aufgrund der damit verbundenen Schuldgefühle aus eigener Kraft nicht heraus. Hier ging es nicht nur darum, daß er wirklich Schuld bekannte und dann Vergebung erfuhr, es galt, die Wurzeln, die zu dieser Entwicklung geführt hatten, ins Blickfeld zu bekommen und ihm damit neue Möglichkeiten des Verhaltens in künftigen Krisensituationen zu eröffnen.

Immer wieder traten seine körperlichen Symptome auf. Das geschah nicht, weil er chronisch krank war, wie er zunächst meinte. Die Symptome waren vielmehr Hinweise dafür, daß er seine Schwierigkeiten nur mittels der Körpersprache ausdrücken konnte. Erst langsam erwarb er eine reife Fähigkeit, sich mit der Vergangenheit auseinanderzusetzen und andrängende Triebbedürfnisse in einer bewußten und seiner Person angemessenen Weise zuzulassen.

So lernten er und ich und dann auch seine Frau, in geduldiger Ausdauer und Demut mit den auftauchenden Schwierigkeiten umzugehen, und er konnte schließlich wesentlich gebessert die Behandlung beenden.

Ein weiteres Beispiel: Anna ist eine 30jährige Sozialarbeiterin. Ihre Not ist ihre Abhängigkeit vom Elternhaus, die es ihr nicht ermöglichte, eigene Partnerbeziehungen aufzubauen. Entweder war sie die Helferin – oder diejenige, der geholfen wurde. Beziehungen auf gleicher Ebene herzustellen, gelang ihr nicht. Und auch mir gelang es in einer längeren Einzeltherapie nicht, diesen Mechanismus therapeutisch erfolgreich anzugehen. Ich blieb ihr Helfer, und sie blieb unselbständig. So habe ich ihr eine Gruppentherapie vorgeschlagen, in die sie einwilligte. Hier lernte sie, mit anderen Gruppenteilnehmern in eine partnerschaftliche Beziehung einzutreten, auch wenn ihr altes Beziehungsschema immer wieder durchbrach, das etwa lautete: »Ich helfe den anderen, damit die anderen mir helfen.« In diesem Sinne bot sie dann Gruppenteilnehmern durch Ratschläge Hilfestellung an, ohne ihre eigene Betroffenheit und ihre Gefühle der Trauer und der Hilflosigkeit, der Freude und Zuneigung, des Zorns und des Ärgers den anderen mitteilen zu können.

Bei Anna gelang also erst in der Gruppentherapie, was in der Einzeltherapie zwischen Anna und mir zunächst nicht möglich war. Nämlich, daß wir über eine unbewußt ablaufende Schwierigkeit nicht nur redeten, sondern der neurotische Mechanismus zu einer emotionalen Betroffenheit wurde. Aufgrund des Erlebens ihrer wahren Not war es ihr dann in langsamen Lernschritten möglich, eine neue Beziehung zu den anderen Grupenteilnehmern und zu mir aufzubauen, die durch Gleichwertigkeit einerseits und Abgrenzung der eigenen Person in ihrer Einmaligkeit und Unverwechselbarkeit andererseits gekennzeichnet war. Anna brauchte stärker das Lernen am Vorbild, indem sie beobachtete, wie andere es machten, was ich ihr in der Einzeltherapie nicht hatte vermitteln können.

Das Beispiel Anna zeigt auch, warum sich im Laufe der Zeit so viele verschiedene Psychotherapieverfahren entwikkelt haben – es gibt nicht einen einzigen Zugangsweg zum Menschen. So verschieden die Menschen sind, so verschiedenartig muß auch die Beziehungsgestalt zwischen Therapeut und Patient aussehen, und da sie ein Geschehen zwischen zwei lebendigen Menschen ist, wandelt sich das Beziehungsgefüge im Laufe der Therapie.

Im Falle von Anna war es ohne den vorangehenden vertrauensbildenden Prozeß in der Einzeltherapie ihr nicht möglich, sich auf das Geschehen in der Gruppe einzulassen. Oder anders ausgedrückt: Erst die Einzeltherapie ermögliche ihr die Teilnahme an der Gruppentherapie, und diese wiederum half ihr zu einer inneren Neuorientierung.

Bedeutsam erscheint mir auch der Aspekt von Psychotherapie und Wertvorstellung. Viele Menschen haben im Laufe des Lebens ihnen nicht bewußte, verzerrte und einseitige Idealvorstellungen aufgebaut: man muß arbeiten, man muß nicht arbeiten, man muß dienen, man muß herrschen, man muß ständig beten. Diese und viele andere Wertvorstellungen sind als solche nicht neurotisch, nicht krankhaft, sie werden es aber, wenn sie als die einzige Formel benutzt werden, mit der man alle auftauchenden Schwierigkeiten bewältigen will. Denken Sie z. B. beim Gebet daran, daß die mittelalterliche Kirche von der Spannung von »ora et labora« sprach. Wird diese Spannung aufgehoben und meint ein Mensch, mit Beten allein alle Lebensschwierigkeiten bewältigen zu können, dann gerät er in Schwierigkeiten.

Manche Therapeuten erkennen z. B. sehr richtig verzerrte christliche Formeln im Leben von Menschen. Anstatt aber auf die unangemessene Verallgemeinerung dieser Formeln aufmerksam zu machen, wollen sie die Patienten im Sinne der von ihnen erkannten Wahrheiten erziehen; so wird dann eine christliche Ideologieformel durch eine nichtchristliche Ideologieformel ersetzt: »Man muß mit Frauen ins Bett gehen, um als junger Mann sexuell zu reifen«, »man soll das Christsein nicht übertreiben« etc. In solchen Fällen wird aus Psychotherapie ein Weltbewältigungssystem, ein Glaube, eine Ideologie, wie man die Schwierigkeiten des Lebens behebt. Das und genau das kann aber eine rechtverstandene Psychotherapie nicht leisten. Sie kann uns nicht aus den Spannungen dieser Welt erlösen, sie kann aber dabei hilfreich sein, auf die unauflösbaren Spannungen und Schwierigkeiten hinzuweisen.

Ein Beispiel: Erna jammerte, sie habe den Vögeln im Winter verdorbenes Futter gegeben und damit wohl Vögel umgebracht. Ich konnte ihre Aussage zwar nicht entkräften, mir blieb aber unverständlich, warum dieses Thema sie so sehr umtrieb, daß sie gar nicht mehr davon loskam. Schließlich wurde im Laufe der Gespräche deutlich, daß hinter ihren Selbstanklagen die unbewältigte Problematik einer Abtreibung stand, die durch einen Angstabwehrmechanismus, nämlich die sog. Verschiebung, zu den Anklagen wegen des Vogelmordes führte.

Nun galt es, ihr in dieser der vordergründigen Symptomatik zugrunde liegenden eigentlichen Not zu helfen, und da sie ein Christenmensch war, diese Schuld vor Gott zu bekennen, um Vergebung zugesprochen zu bekommen.

Psychotherapie allein kann nur neurotisches Elend in menschliches Leid verwandeln, wie Sigmund Freud sich einmal ausdrückte. Sie kann aber nicht die Welt von Spannungen und Leid befreien und erlösen, wie die Ideologie das versucht.

Ich habe in der mir zur Verfügung stehenden Zeit versucht, einige Aspekte heutiger Psychotherapie zu verdeutlichen. Da der Begriff Psychotherapie aber heute in einem sehr extensiven Sinne gebraucht wird, erscheint es mir wichtig, jeweils durch genaues Nachfragen weiter zu klären, was der Betreffende damit wirklich meint. Schon die Psychoanalyse – die Psychotherapiemethode nach Sigmund Freud – hat bei einer Tagung ihrer verschiedenen Untergruppen im Jahre 1975 sich lediglich auf folgenden gemeinsamen Nenner einigen können: »to get along together«, ausführlich übersezt: den Patienten die Möglichkeit zu geben, einige Zeit vom Analytiker begleitet zu werden.

Mit dieser kritischen Bemerkung möchte ich schließen, nicht, weil ich die Bedeutung der Psychotherapie gering schätze, sondern um das Wesen der Psychotherapie deutlich zu machen:

Psychotherapeuten hinterfragen scheinbar selbstverständliche Lebenszusammenhänge anderer Menschen – sie sollten aber auch fähig sein, eigenes Tun selbstkritisch zu betrachten und eigenes Handeln immer wieder neu in Frage stellen zu lassen. Nichts steht dem Psychotherapeuten schlechter an, als der große Besserwisser zu sein. So gehören liebevolle Nähe und kritische Distanz zu den Wesensmerkmalen der Psychotherapie und die Fähigkeit, beide Haltungen gegenüber demselben Patienten einnehmen zu können, zur Kunst der Psychotherapie.

»Wenn ihr nicht werdet wie die Kinder . . .«

(Andacht)

»Ihr seid Kinder des Herrn, eures Gottes«
(5. Mose 14, 1)

Vor kurzem trafen wir uns als Mitarbeiter des Deutschen Gemeinschafts-Diakonieverbandes, als Menschen, die sich als Kinder Gottes verstanden. Wir waren Kinder Gottes, die einen Vater haben, Gott, und einen Herrn, Jesus Christus.

In dieser Woche des Zusammenseins haben uns viele Fragen und Probleme bewegt, wie ein lebendiges Christenleben heute aussieht, vieles blieb unklar und in Spannung – aber es durchzog uns eine Freude, diesem Herrn anzugehören und als Brüder und Schwestern zusammenzugehören. In allen Fragen und Unklarheiten war der Ton doch auf Freude und Dankbarkeit gestimmt.

I.

Wenn die Bibel von Kindern spricht, dann meint sie zunächst, daß ein Zeugungszusammenhang besteht. Kinder haben Eltern, von denen sie abstammen. Kinder Gottes haben Gott als ihren Vater. Und wenn im Neuen Testament von den Kindern Gottes – manchmal steht auch Söhne Gottes – die Rede ist, dann meint das Neue Testament: das sind Menschen, die durch den Heiligen Geist zu Gottes Kindern wurden, das sind Menschen, die sich täglich durch den Heiligen Geist leiten lassen. Es ist der Heilige Geist, dem Christen ihr Christenleben verdanken, und das Hören auf Gott, die Zwiesprache im Gebet bestimmt ihr Leben. So bedeutet also Kind Gottes sein, zur Familie Gottes zu gehören. Christen haben einen Vater im Himmel und Brüder und Schwestern auf dieser Erde.

Kennzeichen dieser großen Familie ist die Freude, zu dem einen Herrn, Jesus Christus, zu gehören, es ist nicht in erster Linie das Erfüllen der zehn Gebote, was so oft behauptet wird.

Kinder Gottes sind Kinder Gott gegenüber – sie haben zu ihrem Vater grenzenloses Vertrauen – zu andern Menschen aber verhalten sie sich als erwachsene Mitmenschen. Das Kindsein kennzeichnet also die Beziehung zu Gott – nicht aber zu den Zeitgenossen. In der Welt sind Christen aufgefordert zu wachsen und zu reifen, um ihre Aufgaben und Möglichkeiten in echter Weise wahrzunehmen.

Sehr oft erlebe ich, daß Christen diese Unterscheidung nicht deutlich treffen und auch gegen Mitmenschen sich kindlich verhalten. Das führt dann zu allerlei Mißverständnissen. Da erwarten Christen, daß Mitmenschen wie Vater oder Mutter für sie sorgen, anstatt daß sie selber die Verantwortung für ihr Leben und Handeln übernehmen. Da erwarten Christen und Nichtchristen – zunächst viel und sehr viel vom Pastor und der Kirche und sind enttäuscht, wenn ihre – kindlichen – Erwartungen nicht in Erfüllung gehen. Anstatt aber selber sich als verantwortliche Glieder dieser Kirche zu verstehen, und die eigenen Gaben in die Gemeinde einzubringen, wird nur von der Enttäuschung über die Kirche geredet. Der Betreffende merkt gar nicht, wie kindisch die eigenen Erwartungen sind. Die Bibel ist voll von Ermahnungen zum Wachsen im Glauben, d. h. zum Reifen in den zwischenmenschlichen Beziehungen und zum Vertrauen auf Gott.

II.

Kinder Gottes verstehen sich als erziehungsbedürftige Kinder. In unserem Leben mit Gott führt er uns Schritt um Schritt weiter. Auf diesem Wege haben wir etliches zu lernen, und das fällt uns oft nicht leicht. Gott gibt uns Menschen – und Gott nimmt uns liebe Menschen. Er gibt uns Güter und Möglichkeiten, und er nimmt sie uns wieder weg. Wir aber wollen alles behalten, wollen, daß es wie früher war, wollen den Status quo und trotzen, lehnen uns auf und weigern uns.

Ich selber habe viele Jahre in Schweden gelebt, habe Schwedisch besser als Deutsch gesprochen, und als meine Eltern nach Deutschland zogen, habe ich mich innerlich dagegen aufgelehnt, mich innerlich geweigert, hier zu Hause zu sein. Ich hing mit so vielen Fasern meines Lebens an diesem schönen Land und kam nach dem Kriege in ein zerstörtes, verarmtes, vier-, ja fünfgeteiltes Deutschland.

Nicht daß ich immer Gottes Erziehung und Führung bis ins letzte verstehe, das nicht, aber geht es nicht um das Vertrauen, daß Gott es mit mir gut meint, auch auf zunächst schweren und unverständlichen Wegen? Erziehung fällt Kindern nicht leicht, und doch ist sie notwendig und hat ein gutes Ziel. Ohne Erziehung könnten wir unsere Möglichkeiten nicht entfalten. Aus Kindern kann noch etwas werden, während, wenn wir uns als ausgereifte Menschen vor Gott betrachten, wir uns für sein Wirken an uns verschließen.

Wir kommen zu Ende.

Kinder leben spontan. Kinder Gottes dürfen ganz und gar sie selber sein, sie haben es nicht nötig, etwas vor sich oder anderen zu verbergen. Sie sagen Gott alles im Gebet, auch ihre Not mit Gott, und wissen, daß sie einen liebenden Vater im Himmel haben, einen Vater, der sie trägt.

Psychotherapie und Seelsorge zwischen Erwartung und Enttäuschung – Herausforderung und Gewinn

Patienten gehen im allgemeinen dann zum Arzt, wenn sie unter Schmerzen leiden oder eine Einbuße der körperlichen oder geistig-seelischen Leistungsfähigkeit feststellen, wenn ihr Wohlbefinden nicht nur vorübergehend nachhaltig eingeschränkt ist. Ein gründlicher Arzt wird sich nun nicht ohne weiteres an die Bekämpfung eines geklagten Symptoms machen, etwa gegen Fieber ohne weitere Überlegung ein Gegenmittel verschreiben, sondern er wird hinter dem Symptom Fieber nach der Ursache dafür suchen, sie vielleicht in einer Infektion finden und diese dann angehen.

Nicht anders verhält es sich im Prinzip auf dem Gebiet seelisch bedingter Leiden. Auch hier wird ein ernstzunehmender Psychotherapeut nicht unreflektiert Symptome wie depressive Verstimmungen, Angstzustände, Kontaktstörungen oder auch seelisch bedingte, sich körperlich austragende Beschwerden wie Kopf-, Magenschmerzen, Herzrasen oder Schlafstörungen behandeln wollen und können, sondern er wird nach der Ursache dieser verschiedenen Störungen und Beschwerden suchen und dabei zusammen mit dem Patienten der wegweisenden Funktion des Symptoms folgen und – wenn die Therapie zu einem Erfolg führen soll – meistens auf einen unausgetragenen Konflikt stoßen. Diesen Konflikt ins Auge zu fassen, ihm nicht davonzulaufen heißt, sich auf eine Krise einlassen, was häufig einer langen und beschwerlichen Reise ins Innere gleichkommt und erst nach manch schmerzlicher Selbsterkenntnis, manch einem Verzicht den Weg freigibt zu neuen Möglichkeiten und neuer Freiheit.

Auch der Weg zum Seelsorger wird im allgemeinen erst angetreten, wenn eine innere oder äußere Not den Hilfesuchenden vor eine Schwierigkeit stellt, mit der er allein nicht fertig werden kann. Auch hier gilt es – soll die Hilfe echt sein – einer Art Bilanz standzuhalten und sich fragen zu lassen:

»Wo stehe ich, worunter leide ich, was hoffe ich?« Freilich werden diese Fragen auf dem Gebiet der Seelsorge in einer anderen Dimension gestellt und beantwortet.

Das Gemeinsame auf den beiden Gebieten Psychotherapie und Seelsorge ist aber dies, daß bei ernsthaften Fragen und wegweisender Hilfe diese in aller Regel nicht geradenwegs, ohne Zutun des Hilfesuchenden, als ein Wunder erfahren wird, sondern vorher ein Prozeß der Wandlung, ein oft schmerzhafter, dann läuternder Weg in die Krise anzutreten ist.

An diesem Punkt gibt es nun immer wieder Schwierigkeiten, oft Zögern und Aufgeben, bisweilen Flucht in die Resignation. Hier gilt es bei Gesunden und Kranken gleichermaßen, vor jeder Lebenskrise den eigenen Erwartungen ins Auge zu sehen, Enttäuschungen auszuhalten, die Herausforderung anzunehmen, um eine not-wendige Krise zu bestehen, inneren Gewinn zu erleben. Der Weg durch die Krise aber wird von mancherlei Angst überschattet und eingeengt sein, bis sich neue Weite und Freiheit auftun. Angst bestehen kann nur, wer sich ihr stellt, in einen Dialog mit ihr eintritt. Angenommene Angst legt neben aller Beunruhigung und Infragestellung auch eine Aufforderung nahe. Immer geht es auch um ein »Stirb und Werde!«. Wer sich dem Anruf, einen Reifeschritt zu wagen, nicht verschließt, wird Angst bei sich und anderen nicht einfach auflösen, wegtherapieren wollen. –

Angst zu hinterfragen, verstehbarer und umgehbarer zu machen, ist Ziel und Absicht dieser mitgeteilten und nacherlebten Erfahrungen, Begegnungen. Dabei legen das Miterleben fremder Schicksale wie die Selbsterfahrung den Aufblick in die christliche Glaubenshoffnung, in eine Dimension jenseits aller »machbaren« Psychotherapie-Erfolge und -Mißerfolge immer wieder nahe.

An Hand einer Kranken- und Therapie-Verlaufsgeschichte soll nun eine von Patientin und Therapeut gemeinsam zurückgelegte Wegstrecke nachgezeichnet werden:

Es handelt sich um eine junge Frau, die wegen einer Angstneurose mit durch Überatmung hervorgerufenen krampfähnlichen Ohnmachtszuständen zu uns kam. Sie hatte schon seit längerer Zeit nicht mehr als Sekretärin in einem Betrieb arbeiten können. Ihre Angstzustände waren erstmals heftig und in Begleitung von einer »hyperventilatorischen Tetanie« aufgetreten, als sie nach einer längeren Zeit einer mehr still ausgetragenen Rivalität mit einer Kollegin befördert worden war, an deren Stelle versetzt wurde, jetzt in angesehener Stellung im Publikumsverkehr tätig war und ihre bis dahin eher heimlich bekämpfte und intrigierte Kollegin an ihren früheren ungeliebten Arbeitsplatz versetzt wurde.

Auslösende Situation war das Erschrecken der Patientin vor ihrer eigenen Aggressivität und vor deren – wenn auch äußerlich erfolgreichen – Auswirkungen. Von Stund an sah sich die Patientin durch panische, nicht weiter erklärbare Ängste daran gehindert, ihr Haus zu weiteren Wegen, etwa zu Einkäufen oder Spaziergängen, erst recht zu Ausfahrten ohne Begleitung in öffentlichen Verkehrsmitteln zu verlassen. Die bisherige hausärztliche symptomatische Behandlung mit Beruhigungstabletten hatte jeweils nur zu vorübergehender Besserung und einer gewissen Tablettenabhängigkeit geführt.

In diesem Zusammenhang ist zur Vorgeschichte der Patientin wichtig, daß sie, von frühester Kindheit an mehr dressiert als erzogen, durch viele Einschüchterungen zu einem Wohlverhalten ohne jede Begründung und innere Begleitung gebracht worden war.

Auch und gerade in religiöser Hinsicht spielten Zwang und Bedrohung eine große Rolle, indem Gott als eine Art böser Rächer, ständig bereit, schlechtes Betragen zu vergelten, dargestellt wurde – im Grunde eine Art böser Über-Vater in seiner strafenden, alles beobachtenden, nichts durchgehen lassenden Funktion. In den zwangsweise besuchten Kindergottesdiensten war es erstmals zu kurzen Ohnmachtsanfällen gekommen – die einzige Möglichkeit, sich dem strengen Reglement für kurze Zeit zu entziehen und besondere Zuwendung zu erfahren, indem das Kind jetzt aus der Kirche herausgetragen werden mußte, mit Kölnisch-Wasser besprengt wurde, eine Ausnahmesituation quasi erzwungen wurde. Häufig wurde unsere Patientin in ihrer frühen Jugend als »Vorzeige-Kind« benutzt und mußte mit äußerlich adrettem Aussehen und gutem Funktionieren im Sinne von erwachsenhaftem Wohlverhalten glänzen. So wurde ihr die Devise: »Mehr Schein als Sein!« nahegelegt und mehr und mehr zur zweiten Natur. Sie wirkte durchaus geschmackvoll angezogen und war – auch sonst insbesondere für die Männerwelt sehr anziehend – stets in der Gefahr, sich in »Affären« hineinziehen zu lassen – ständig gefällig und lächelnd, dabei aber retardiert, kindlich, oft naiv wirkend ausgesprochen konfliktscheu.

Entsprechend unserem Konzept versuchten wir nun nicht etwa, das Symptom Angst zu beseitigen, sondern richteten unser Augenmerk zusammen mit der Patientin darauf, zunächst das Gemeinsame der verschiedenen Situationen zu erfassen, in denen Angst auftrat, dann die Botschaft des Symptoms zu dechiffrieren: »Was sagt mir mein Symptom über mich, in meine Lebenssituation hinein?«

Es wurden schließlich 3 verschiedene Grundsituationen deutlich, in denen die Patientin von Angst überfallen wurde:

1. aggressive Impulse, welche nicht in ihre »Heile-Welt-Vorstellungen« von sich selbst hineinpaßten,
2. sexuelle Impulse und Phantasien, die sie weder annehmen, integrieren noch beherrschen konnte,
3. Bedürfnisse nach mehr Anerkennung und Geltung, die insbesondere in Gesellschaft anderer Menschen deutlich wurden, indem die Patientin sich übergangen oder gekränkt sah, wenn andere durch mehr Wisen oder den Vorweis von Lebenserfolgen sie in den Schatten zu stellen drohten.

Nun ist es oft hilfreich, sich zu seinen Patienten und ihren Schwierigkeiten ein Bild zu vergegenwärtigen, welches verdichtet und symbolisch die Situation darstellt. Zu dieser Patientin stieg mir folgendes Bild auf:

Ein schönes und zierliches Prinzeßchen sitzt in wertvollen Kleidern in einer ebenso kostbaren und zierlich gebauten, dekorierten Kutsche, welche aber durchaus nicht geländegängig ist. Vor diese Kutsche sind drei feurige und vor Ungeduld schnaubende und scharrende Pferde gespannt: Eines steht für die aggressiven und Willkürimpulse, das zweite für sexuelle Antriebe, das dritte für Geltungsansprüche. Auffällig an dem Bild: Es fehlen Zügel, die Patientin hat keine Möglichkeit, diese Pferde zu lenken. Auch gibt es keine Bremse, welche angezogen werden könnte. Sie ist also dem Temperament und der Wildheit dieser Tiere ausgesetzt, ohne darauf einen Einfluß nehmen zu können – zweifellos eine gefährliche Situation, schon deshalb, weil die Pferde durchgehen können und jederzeit bereit sind, das Prinzeßchen an einen Ort zu bringen, wo es nicht hin will, an dem Verwirrung und Komplikationen, auch Heimatlosigkeit drohen. – Als einzige – wenn auch lähmende – Hilfe ist zwischen die Speichen der Kutschenräder eine – alles blokkierende – Stange geschoben. So ist das Lebens-Fahrzeug blockiert, fahruntüchtig und nutzlos geworden, wenngleich vorerst vor Gefahr bewahrt.

Das inzwischen in der therapeutischen Beziehung gewachsene Vertrauen ermöglichte die Konfrontation mit diesem Bild und seine Übersetzung. Nach und nach wurden der Patientin die bis dahin gemiedenen und jetzt nachzuholenden Reifeschritte bewußt, insbesondere die Not-Wendigkeit, daß es im Leben auf Selbstverantwortung, d. h. auf bewußte Steuerung ankommt. Das schließt ein, daß bestimmte Ziele nur durch Verzicht auf andere Teilaspekte im Leben erreichbar sind. Nach und nach wurde die Patientin angstfreier und sah sich in der Lage, eigene Bedürfnisse wahrzunehmen, Entscheidungen zu fällen, auch zu Fehlern zu stehen, aus ihnen für das nächste Mal zu lernen. Damit verbunden war der Verzicht auf allgemeine Beliebtheit bei jedermann und Harmonie um jeden Preis. Ihrem Mann gegenüber konnte unsere Patientin jetzt eher als Partner auftreten, womit sie sich manche Komplikation einhandelte, indem jetzt Spannungen und Differenzen auszutragen waren und sie auf die Rolle des schönen Anhängsels verzichten mußte. Das Leben war also insgesamt anstrengender, krisenreicher, damit aber auch wirklichkeitsnäher und sinnvoller geworden. Im Bild gesprochen, ist die blockierende, als Dauerbremse wirksame Stange aus den Speichen der Kutschenräder inzwischen herausgezogen worden. Die Pferde liegen jetzt an Zaum und Zügel; eine Bremse steht zur Verfügung, das Prinzeßchen – jetzt zur schlicht-natürlichen jungen Frau geworden – kann ein Ziel bestimmen und ansteuern, muß dabei lenken, die Zügel in die Hand nehmen, wachsam bleiben und Gefahren ins Auge sehen.

Weltanschaulich überwand die Patientin ihren Kinder-Glauben an eine Art »Lohn-Straf-Politik« vor Gott. Sie erkannte die Notwendigkeit der Eigenverantwortung, den Ernst von Sünde, aber auch von Vergebung. Krankheit und Angst lernte sie auch ansehen als Vorkünder und Erinnerungen an letzte Grenzen: Ende – Sterben – Tod, mit der Aufforderung, dazu eine eigene Stellungnahme zu suchen, zu finden.

Wie stellt sich nun dieser Weg in die Krise über Erwartungen, Enttäuschungen, die Herausforderung und schließlich der Gewinn der Patientin selbst dar? Dazu soll sie selbst zu Wort kommen in Gesprächsausschnitten zu verschiedenen Phasen der Behandlung, in Einzel- und Gruppentherapie, schließlich in einer aus der Erinnerung mit den Worten des Referenten wiedergegebenen Zusammenfassung anläßlich einer Stationsfeier zum Abschluß der Therapie.

»Seit 1½ Jahren leide ich nun schon unter diesen schlimmen Angstzuständen, die mich ans Haus fesseln, so daß ich am Leben ›draußen‹ nicht mehr teilhaben kann, mir weitere selbständige Ausgänge unmöglich, schon kleinere Besorgungen zur Qual machen. Ja, wenn mein Mann oder andere vertraute Menschen mich begleiten, ist alles ganz anders, ich kann einkaufen und Besuche machen, kleinere Reisen unternehmen, aber sonst . . .! Scheußlich dieses Panikgefühl, das Herzrasen, die Atemnot, die mich nach Luft schnappen läßt wie ein Ertrinkender, und schließlich die Verkrampfung der Hände und des Gesichtes wie bei einem epileptischen Anfall, dann das Gefühl, ohnmächtig den hinzukommenden fremden Menschen ausgeliefert zu sein, bis endlich jemand einen Arzt ruft, der mir hilft, mir eine Spritze gibt, mir zuspricht, bis ich wieder zu mir komme, mich langsam wieder erheben kann. Dreimal habe ich das schon aushalten müssen und immer die Angst, solch ein Anfall von ›tetanischer Hyperventilation‹, wie mein Arzt das nennt, könnte mich wieder heimsuchen. Ins Theater oder Konzert kann ich schon lange nicht mehr gehen, zum Friseur nur, wenn mich mein Mann dort hinbringt und wieder abholt, und aus den früher immer so fröhlich verlaufenden Besuchen bei meiner Freundin ist schon lange nichts mehr geworden.

Wie an einer Leine fühle ich mich, und, was das schlimmste ist, an einer Leine, die immer kürzer wird, mir immer weniger Spielraum und Freiheit läßt. Kürzlich fühlte ich schon bei uns zu Hause an einem Besuchsabend, der so ungezwungen angefangen hatte, das Panikgefühl auf mich zukommen und konnte mich nur mit knapper Not vor dem Herannahen des Angstanfalles aus dem Zimmer retten, so daß ich wenigstens keine Zuschauer hatte und mein Mann den Gästen die ganze Sache als ein plötzliches Unwohlsein erklären und den Hausarzt holen konnte. Obgleich ich mich ohne meinen Mann kaum mehr fortbewegen möchte, fühle ich mich häufig auch gekränkt, ja, geradezu gedemütigt in meiner Abhängigkeit von ihm.

Die vom Arzt gegen Unruhe und Angst verschriebenen Tabletten waren anfangs ja recht hilfreich, sie machen aber oft so dösig, und ich komme jetzt kaum mehr ohne sie aus, brauche inzwischen pro Tag 6–8 Stück und kann ohne Schlaftabletten gar nicht mehr einschlafen.

Da hat mich dann mein Hausarzt hierher in die Fachklinik für Psychosomatik überwiesen, weil mir hier von Spezialisten auf diesem Gebiet besser geholfen werden könne. Ob man hier denn nun die richtigen Untersuchungsmethoden und Gegenmittel hat, so daß mir dauerhaft geholfen werden kann? Ich habe ja nur den einen Wunsch, so schnell wie möglich Hilfe gegen meine verrückten Angstanfälle zu erfahren, sonst haben mein Mann und ich keinerlei Probleme, und alles könnte so schön sein! Ich werde nun auch alle Verordnungen einhalten und mich den Behandlungsmethoden ganz anvertrauen.« –

So sagt und denkt die junge Frau bei der Aufnahme in unsere Klinik. Und später: »Zuerst war ich überrascht und enttäuscht, als ich erfuhr, daß die Behandlungszeit auf mindestens 3 Monate veranschlagt und mir zugemutet wurde, schrittweise auf die bisher als einzige Hilfe eingenommenen Tabletten zu verzichten. Dazu kam die Zumutung, sich ohne besondere Hilfe zu den Mahlzeiten im großen Speisesaal einzufinden – unter all den fremden Menschen, anfangs eine Qual, dann die Hausordnung, nur zu festgelegten Zeiten die Klinik verlassen zu dürfen, die Teilnahme an manch anstrengenden, den Kreislauf und die

Durchhaltekraft trainierenden körperlichen Übungen und schließlich die Einstellung auf die Mitpatienten im Zimmer, dann auf der Klinikstation. Sehr befremdend auch die täglichen Morgenandachten in dieser Klinik; da klingt so oft Endgültiges an, das ist so festlegend und in der Konfrontation mit zeitlosen Werten, schließlich auch mit Ende und Tod beunruhigend, was so häufig wieder Angst hervorruft. Von Trost, Vergebung, Geborgenheit wird zwar auch gesprochen, das ist aber so weit weg, vorerst nicht recht greifbar.

Die Umsorgung durch meinen Mann, der mir bei allen Mühen und besonders bei aufkommenden Ängsten – wenn auch oft mit einer angestrengt-abweisenden Miene – beigestanden hatte, für mich eingesprungen war, jetzt fehlt er mir auf Schritt und Tritt. Ach, wäre ich doch lieber zusammen mit ihm in das vertraute Ferienquartier im Allgäu gefahren!

Besonders enttäuschend dann nach der ausgiebigen Erhebung der Vorgeschichte die ersten therapeutischen Arztgespräche – viel zu kurz, um sich gründlich auszuklagen, und dann – welche Zumutung – Psychotherapie sei Hilfe zur Selbsthilfe, mehr nicht! Die Angstsymptomatik könne nicht ohne weiteres wegbehandelt werden, eine Heilung erfordere eine schrittweise innere Umstellung, auch Verzicht, Ballast müsse abgeworfen werden, falsche Erwartungen, Überansprüche an andere Menschen, Bequemlichkeit müßten losgelassen, eine neue Einstellung zum Leben gesucht werden. Zunächst komme es darauf an, genauer hinzusehen, wann die Ängste, die Körperbeschwerden, auftreten, ihnen standzuhalten, mit ihnen in Dialog zu treten; nur allmählich und erst nach einer Änderung meiner Sichtweise und bei gleichzeitigen täglichen Übungen gegen die Angst sei Besserung und nur in kleinen Schritten möglich. Dazu der Verzicht auf die Beruhigungstabletten, die neben einer gewissen Dämpfung der Angstanfälle so etwas wie ein Talisman in schwierigen Situationen geworden waren, und die ich als Helfer in der Not immer bei mir hatte. Dazu soll ich drei Wochen lang weder zu gemeinsamen Urlauben abgeholt noch Besuch von auswärts haben dürfen, damit ich Abstand gewinne, mich ganz auf das Leben hier in der Klinik einstellen und Neuanfänge im Lebensstil unbeeinflußt von häuslichen Gewohnheiten und Ratschlägen versuchen könne. – Muß das wirklich sein? Ich hatte mir alles viel einfacher vorgestellt! – Ob ich nicht lieber gleich wieder abfahren sollte? Aber zu Hause nach einer gewissen Zeit des Trostes und der Vertrautheit dann wieder die alte Angstfessel, die demütigende Abhängigkeit, die vielen Ausreden, die ich brauche vor Nachbarn und Bekannten, denen ich meine Schwierigkeiten nicht sagen will, die mich nicht verstehen würden! Nein, dieses Elend kenne ich zur Genüge, so schnell will ich nicht aufgeben!

Erst ganz allmählich wächst die Vertrautheit unter den Mitpatienten, bildet sich so etwas wie eine Schicksalsgemeinschaft, in der man sich nicht nur die Klage der anderen anhört, sondern sich gegenseitig bestärkt, sich und seine Symptome als Zeichen des Ausweichens vor bestimmten Aufgaben im Leben zu sehen, sich in seinen typischen Verhaltensweisen in Frage zu stellen, Neues zu wagen.

Nicht leicht ist es mir gefallen, die anderen im Rahmen der Gruppentherapie einmal um eine Beurteilung alles dessen zu bitten, was den anderen an mir aufgefallen ist seit meinem Hiersein, ungeschminkt-offen. Nicht leicht zu hören, wie sehr die anderen meine Überbetonung von äußerlicher Harmonie in Kleidung und Auftreten, meine oft nicht ganz ehrliche Bravheit wahrgenommen hatten, mir auch Affektiertheit, die Neigung zum Flirten vorhielten, schließlich meine Schwierigkeit, freie Zeit einmal für mich, z. B. hinter einem Buch oder auf einem besinnlichen Spaziergang zu nutzen. – ›Verwöhnte, oberflächliche höhere Tochter‹, dann wieder ›naiv-raffiniertes Schulmädchen‹ oder ›sich ankuschelndes Schmusekätzchen‹ und ähnliche Charakterisierungen mußte ich mir anhören. Dann aber – und das war neu für mich – war ich nicht etwa abgelehnt, sondern fühlte mich, nach dieser freiwilligen Gruppenübung erst richtig in die Gemeinschaft der anderen aufgenommen, der anderen, die ja auch Fehler und Schwächen hatten und zugeben lernten. Jetzt erst bekamen auch ausgesprochene Anerkennungen Gewicht und halfen, ein beständigeres Selbstgefühl zu entwickeln als früher daheim die leicht hingesprochenen Komplimente, vorwiegend auf äußeres Aussehen und öffentliches Ansehen gerichtet. –

Ein großer Erfolg war dann die erste allein gewagte Ausfahrt mit der Straßenbahn nach etlichen Anläufen zusammen mit anderen. Ein Stück weit waren Eigenverantwortung, bewußtere Zielvorstellungen gewachsen und an die Stelle von früheren chaotisch-beunruhigenden Vorstellungen und Wünschen, oft hektischen Kurzschlußreaktionen, Verantwortungsscheu getreten; erstmals so etwas wie ein gesunder Stolz auf mich selbst, jetzt, wo ich es zunächst zaghaft wagen konnte, mein Lebensschiff selbst zu steuern, mich nicht mehr auf andere zu verlassen, jede Selbstverantwortung von mir fortschiebend.

Und noch etwas ist neu geworden, ganz allmählich, nicht spektakulär: Mein Gottesbild hat sich gewandelt, der unpersönliche Straf-Gott aus meiner Kinderzeit hat ein ganz anderes Gesicht bekommmen, ein wohlwollend-annehmendes. Die Gebote, früher als bösartige Fallgruben erlebt, denen kaum zu entrinnen war, jetzt zeigen sie sich als eine Art Geländer zum Schutz gegen Absturz in selbstgemachtes menschliches Elend. Sich nicht mehr in endlos-vergeblichen Selbsterlösungsversuchen, im äußerlichen Brav-Sein und moralischen Wohlverhalten verschleißen zu müssen, welche Erleichterung! Welch ein Unterschied zu dem Brav-Sein in der Kindheit aus Angst vor Strafe und der jetzt bisweilen aufleuchtenden Dankbarkeit, Gottvertrauen, aus dem heraus ich jetzt zu leben lerne. Ein neuer Anfang trotz mancher Entscheidungsängste und notwendig gewordener Verzichte; in meinem Leben ist mehr Freiheit, mehr Dürfen als Müssen fühlbar geworden.

So war der Klinikaufenthalt rückblickend für mich so etwas wie eine Lebensschule mit anfänglich sehr ängstigenden Infragestellungen von brüchigen Halbwahrheiten und Sicherheiten, etwas ganz anderes, als ich erwartet hatte, nämlich ein schnelles Verschwinden meiner Symptome und weiter nichts. Erst jetzt ist mir klar geworden, daß es Wichtigeres gibt als problem- und spannungsloses Wohlbefinden. Meine Ängste sind weitgehend verblaßt, treten aber hin und wieder – wenn auch schwächer als früher – noch auf; jetzt versuche ich, der Angst aber nicht mehr davonzurennen, und laufe in der Angst vor der Angst nicht mehr im Kreise, jetzt stelle ich mich ihr wie einem Gesprächspartner, und meist wird mir deutlich, daß es um Ent-Scheidungen geht, um Loslassen von Ansprüchen, Gewohnheiten, alten Sicherheiten – oft ein schmerzlicher Verzicht, aber dann, danach geht es aus der Angstenge in eine neue Weite und Freiheit. –

Erst ganz allmählich ist mir aufgegangen, daß auch die Angst als Realität zum Leben gehört, daß sie durch Krise und Neubesinnung zu neuem Leben führen kann.«

»In der Welt habt ihr Angst, aber seid getrost, ich habe die Welt überwunden!« sagt Jesus Christus.

Von der Freiheit

(Andacht zu Johannes 8, 36:)

Jesus spricht zu den Juden seiner Zeit, die sich – zum Teil zögernd und mit Vorbehalten – an ihn halten, ihm zuhören: »Wenn der Sohn Gottes euch freimacht, seid ihr wirklich frei!« –

Seine Zuhörer fühlen sich provoziert, berufen sich auf ihre Tradition: »Wir *sind* frei, sind Abrahams Nachkommen, sind niemals Knechte gewesen!« Das läßt Christus nicht gelten als Rechtfertigung; keine kollektive Sicherheit vor Gott, und sei es in der Form religiöser Überlieferung, geschichtlicher Tradition. Dagegen setzt er persönliche Anbindung an seine Person, Gehorsam, – »erst dann könnt ihr die lebendige Wahrheit überhaupt verstehen und darin Freiheit erfahren!« – »kommt, folgt mir, probiert es aus, wagt im Vertrauen Nachfolge, und ihr werdet sehen, erfahren – jeder, der kommt einzeln, ohne Absicherung durch Herkunft oder eigenes Verdienst. Ihr werdet erfahren, was lebendige, verbindliche, Leben und Freiheit gebende Wahrheit ist, nicht ein abstrakter Wahrheitsbegriff der Philosophen!«

Jesu Berufung auf seine Vollmacht, seine Sendung von Gott und der Hinweis auf die Gottesferne der Menschen, die Bedeutungslosigkeit aller »selbstgemachten« menschlichen Sicherheiten vor Gott treibt die Auseinandersetzung auf den Höhepunkt, bis die Umstehenden zu Steinen greifen, Jesus zu Tode bringen wollen.

Was verstehen wir heute unter »Freisein«? Viele Traditionen, Verbindlichkeiten, gerade auch religiöse, sind verblaßt, in Frage gestellt, zum Teil aufgehoben. Daraus sind neue Teilfreiheiten entstanden, positive und negative. Wo früher die Autorität von Vater, Lehrer, Seelsorger, Obrigkeit und Staatsgewalt wie auch die »geheiligte« Tradition – oft gleichzusetzen mit unreflektierter, starrer Gewohnheit – einen Rahmen – häufig fragwürdiger – Sicherheit gaben, ist heute eine oft zügel- und maßstablose Bindungslosigkeit entstanden, propagiert von selbsternannten »Freiheitsaposteln« unter Autoritätsmißbrauch. Bindungen an Maßstäbe, Achtung von Grenzen und Ordnungen sind nicht deshalb schon abzulehnen, weil diese Werte mißbraucht werden können! Bei allem begrüßenswertem Zuwachs an Freiheit in Mitbestimmung und Mitverantwortung des einzelnen in Ausbildung und Beruf ohne Ansehen der Herkunft sowie in einem kritischeren Verhältnis zu Obrigkeit und Staatsgewalt drohen gleichzeitig Emanzipationsbestrebungen um jeden Preis, Anti-(autoritäre)Erziehung, welche jede Autorität ablehnen möchte, Konsumfreiheit bis zum Überfluß einschließlich der Vernichtung der Umwelt, weitgehende Freiheiten zum Teil begrüßenswert in Arbeitswelt und Freizeit wie auch oft mißbraucht in Ansprüchigkeit und Zeit*vertreib* inklusive Partnerwechsel, wenn es Schwierigkeiten gibt, »freie«, gleichzusetzen mit unverbindlicher »Liebe« – Freiheit meistens einseitig verstanden als Ablösung von unliebsamen Bindungen, nicht als gewählte Verbindlichkeiten, als Anbindung an ein Ziel, einen Herrn. Bemerkenswert, daß mit diesem Zuwachs an äußeren, ablösenden Freiheiten ein Ansteigen der Ängste in Angstneurosen und Angstsymptomen wie auch die Flucht davor in die verschiedensten Süchte: Alkohol, Tabletten, Drogen, Nikotin, suchtartige Bindungen an Menschen und Ideologien – einhergeht.

Noch immer sind wir gerufen, eingeladen, jeder einzeln: »Laß dich freimachen, wirklich frei durch Anbindung an Jesus Christus: frei von der Meinung der Leute, vom Zeit(un-)geist, von dem Zwang zu Ansehen, zum Konsum, frei davon, dein Recht, dein Gesicht um jeden Preis wahren zu müssen, dich zum Erfolg, zur Anpassung verpflichtet zu sehen. Frei dazu, auf deine Bestimmung, dein Gerufensein, auf deinen Weg zur Heimat – auch auf Umwegen der »Heim-Suchung« zu hören. Frei, dich mit deiner Vergangenheit, deinen körperlichen und geistigen wie auch materiellen Grenzen annehmen zu lassen und selbst anzunehmen.« – »Ich habe dich mit deinem Namen (so, wie du bist!), gerufen, du bist mein!« (Jes. 43, 1). Schließlich daraus frei für ein »Ja« zu der bedingten Freiheit, die ein Mensch nur haben kann: sich seinen Herrn, sein Ziel im Bewußtsein eigener Erlösungsbedürftigkeit zu wählen.

Sind wir offen, uns Fragen stellen zu lassen – kollektiv und einzeln?: Auf was, auf wen setzen wir, setzt du, setze ich meine Hoffnung, um »frei« zu werden? – Frei von Angst, von Schuld, von Sinnlosigkeit, von Krankheit und Tod.

Wie frei sind wir, wenn wir unsere Sicherheit kollektiv auf bewaffneten, militärischen Schutz und sonst nichts gründen?

Wie frei ist eine Friedensbewegung, welche die Unterdrückung, die Unfreiheit in Politik, Kunst, Erziehung, Glauben, in Gewissensfragen ganzer Volksgruppen in Kauf nimmt oder nicht sehen will und auf ein Bündnis, den »Frieden« mit einer erklärt antichristlichen Macht setzt, welche die Eroberung der ganzen Erde zum Programm hat?

Wie frei sind wir, wenn wir Freiheit ausschließlich an Wohlstand, Konsum und Freizeit messen?

Wie frei bist du, wie frei bin ich, wenn Wohlbefinden, Sicherheit, Unangefochtensein die höchsten Güter sind, wenn Erschütterung und Krankheit – gerade auch seelische Krankheit – keine Krise, keine Selbst-Infragestellung mehr bewirken können?

Wie frei bin ich, wenn ich meinen Hader gegen Menschen und Umstände in der Vergangenheit nicht loslassen will und nicht meine rückwärtsgewandten Wiedergutmachungsansprüche?, wie frei, wenn ich nicht – vielleicht nach einem schmerzhaften »Stirb-und-Werde-Prozeß« schließlich mein Schicksal, mein Geschick als das mir persönlich Geschickte annehmen kann?

Brauche ich eine neue Freiheit? Wovon, von wem erwarte ich sie letztlich?

Dazu noch einmal Jesus Christus: »Wenn der Sohn Gottes euch freimacht, seid ihr wirklich frei!«

Über das Verstehen als Ereignis und Prozeß

I

Sehen und sehen, hören und hören, verstehen und verstehen sind nicht dasselbe! Entscheidend ist: Wer sieht, wer hört, wer versteht! *Wer ist der Mensch, der zu seinem Mitmenschen in Beziehung tritt?* Wer ist er? Das heißt: Woher kommt er? Wohin geht er? Wo hat er seinen Standort?

Die biographischen Besonderheiten, denen er entstammt, also seine Herkunftsfamilie, stehen in Verbindung zu seinen Wertmaßstäben, an denen er sich orientiert, auf die hin er lebt, die seinen Wert, seine Qualität als Mensch bestimmen! Dieser einzelne Mensch in seiner einmaligen Prägung und Lebensgeschichte ist es, der zum Sehen, zum Hören, zum Verstehen aufgerufen ist. Dieses ist Ausdruck und Werkzeug seines Helfens! *Dieses Helfen ist Hilfe zur Selbsthilfe!* »Hilfe zur Selbsthilfe« heißt, daß das »Helfen« des einen bei dem anderen die Fähigkeit weckt, sich selber zu helfen.

II

Im psychotherapeutischen Umgang mit unseren Mitmenschen verstehen und begreifen wir immer besser, daß es auf die *Haltung des Helfers* primär ankommt, ob er befähigt und genügend vorbereitet ist zur wahren Hilfe. Die echte Hilfe, so wissen wir heute vielleicht besser als früher, ist nicht diejenige, die in der Hilfe den anderen unmündig sein läßt – obgleich auch diese Hilfe in wichtigen Fällen unerläßlich ist; in diesem Zusammenhang ist an das Gleichnis vom barmherzigen Samariter zu erinnern! In vielen Fällen, und das gilt insbesondere für das psychotherapeutische »Helfen« ist Sehen, Hören und Verstehen Ausdruck einer Hilfe, welche das verlorengegangene Menschsein des Hilfsbedürftigen zu erwecken, wiederzubeleben, zu entfachen versucht; also eine Hilfe zur Selbsthilfe. – Dieses Helfen im Sinne von Verstehen, Sehen und Hören, was beim anderen nicht in Ordnung ist, was anders werden muß, was der Reifung, Wiederbelebung und Entfaltung bedarf: Dieses Verstehen setzt hohe Anforderungen beim Helfer voraus; es begründet seine sog. »Suchhaltung – bei sich selbst«, die es ermöglicht, wirklich und angemessen zu helfen.*

Diese für unser Fach wichtige Suchhaltung des Helfers stößt auf viele Schwierigkeiten bei ihm selbst. Sie erspürt Schwierigkeiten im Prozeß des Verstehens. Sie kann beispielsweise wahrnehmen, daß im Verlauf der eigenen Lebensentwicklung Lebenskrisen aus Verstehenskrisen, Verstehenskrisen aus Vertrauenskrisen erwachsen sind; daß also Vertrauenskrisen (der frühen Kindheit mit den Primärpersonen Vater und Mutter) etwas zu tun haben mit Entwicklungskrisen im Sinne einer gestörten frühkindlichen Entwicklung. Dieser Zusammenhang von Vertrauen, Verstehen und frühkindlicher Entwicklung und den damit verbundenen Störungen entfaltet die Biographie einer Lebensgeschichte, die bei einem Helfer die Aufgabe vertieften Selbstverstehens voraussetzt. Nur wer sich selbst in diesem vertieften Sinne verstanden hat und seine eigenen Krisen wahrgenommen, angenommen und ein Stück weit auch gemeistert hat, wer also in einem gewissen Sinne »seines eigenen Glückes Schmied« werden durfte: Nur derjenige kann auch beim anderen in einer Weise verstehen, die es dem anderen ermöglicht, aus dem Verstehen heraus geheilt zu werden.

III

Diese Suchhaltung des Helfers ist gemeint, die immer dann »bei sich selbst« suchen und aufspüren muß, »was im

*Die folgenden Ausführungen sind eine erweiterte und modifizierte Darstellung von Gedanken, die in dem Buch »Irren ist menschlich« oder Lehrbuch der Psychiatrie/Psychotherapie von Klaus Dörner/Ursula Plog ausgeführt sind.

Gefühlsleben sich zeigt, sich entdecken möchte«, um zu erspüren und zu erfahren, was gerade im *anderen* an Gefühlen und inneren »Gefühlsverirrungen« sich zeigen möchte, herauskommen möchte – um dann schließlich geheilt zu werden. Diese Suchhaltung des Helfers bei sich selbst erspürt die Gefühlsverirrungen bei dem anderen, seine »Komplexe«, möchte sie entdecken, ansprechen, durchsprechen und durcharbeiten. Hierbei geht es um die *Beziehung von Selbstwahrnehmung und Fremdwahrnehmung,* um die Beziehung von Liebe zu mir selbst und Liebe zum anderen. Weil ich mich selbst fühlen kann, meine eigenen Bedürfnisse spüren und annehmen kann, darum kann ich es auch beim anderen.

Dieser Vorgang der Hilfe kann als Ereignis und Prozeß aufgefaßt werden. Diese Unterscheidung meint, daß ein Ereignis, welches in der Gegenwart der Beziehung stattfindet, fortschreitet in die Zukunft hinein. Der *therapeutische Verstehensvorgang umfaßt einen längeren Zeitraum vieler Einzelbegegnungen, die sich zu einem ganzen Beziehungsgefüge umverteilen.* Dieser Vorgang der Umverteilung meint, daß immer neue Aspekte der Person wahrnehmbar werden; der Wahrnehmungsvorgang in die Tiefe und in die Weite der Persönlichkeit eindringt, insbesondere auch in die problematischen gestörten Beziehungsbereiche der früheren und späteren Vergangenheit, so daß im Prozeß des Verstehens die ganze Biographie aufleuchtet und hereindringt in die Gegenwart.

In diesem Sinne ist das »therapeutische Verstehen« ein mitmenschlicher Vorgang, der mehrere Aspekte hat: Der Mensch, der sich annähernd selbst verstanden hat, hat gelernt, Vergangenheit und Gegenwart seines Lebens in einem Zusammenhang wahrzunehmen und sich selbst als Ganzes in die Beziehung einzubringen. In dieser Ganzheit einer Wahrnehmung kann auch die Gestörtheit des Lebens eines anderen als Gestörtheit wahrgenommen und angenommen werden und diese Gestörtheit genauer definiert werden: nämlich als eine Gestörtheit, die darin besteht, daß Vergangenheit in ihrer Beziehung zur Gegenwart dieses Lebens nicht verstanden worden ist.

So entwickelt sich der Verstehensvorgang aus vielen

Verstehensereignissen. Es kommt zu einem emotionalen Lernen, zu einem Lernen an der Beziehung und in der Beziehung, demzufolge ein Patient, ein Hilfsbedürftiger, ein Ratsuchender auf dem Wege des emotionalen Lernens allmählich und in Stufen – sich selbst entdeckt, sich selbst findet, zu sich selbst findet, sich selbst verstehen kann. Die Aneinanderreihung mehrerer Benennungen, wie ich es eben auszudrücken versucht habe, ist nicht zufällig, sondern mit Bedacht gewählt, um anzuzeigen, daß es bei diesem Verstehensprozeß um viele unterschiedliche Aspekte und Nuancen geht, die jeweils von einer neuen Umschreibung etwas verändert angesprochen und herausgefühlt werden sollen.

Unter dem Stichwort des vertieften Verstehens geht es um das Verstehen einer Beziehung oder einer Begegnung zwischen zwei Menschen. Zwei Varianten sind hier bedeutsam: Einmal bedeutet Begegnung: Ich begegne dir – das heißt: Ich trete zu dir in eine positiv-wohlwollende Beziehung, indem ich dein Partner sein will; andererseits »ich begegne dir« könnte meinen, daß ich zu dir in eine Beziehung treten könnte, die weniger den Aspekt der Partnerschaft, sondern vielmehr den der Gegnerschaft meint.*

In dieser doppelten, besser noch polaren Beziehung im Sinne von *Partnerschaft und Gegnerschaft* ist ausgedrückt, daß jede lebendige Beziehung diese beiden emotionalen Grundelemente enthalten darf und somit auch zeigen soll, daß Menschen in einem Abgrenzungsverhältnis (im Sinne von Gegnerschaft), aber auch in einem Versöhnungsverhältnis (im Sinne von Partnerschaft) leben sollen und hierzu immer wieder auch aufgerufen sind.**

*Dieser Gedanke ist in dem Buch von Dörner an mehreren Stellen ausgeführt.

**Zu den beiden wichtigen Begriffen der Versöhnung und Abgrenzung siehe auch mein Buch »Heilung des Unbewußten«, Verlag der Francke-Buchhandlung, Marburg 1982.

VI

Ein *klinisches Beispiel* soll das Gesagte verdeutlichen. Für den Leser mag diese Ausdrucksweise »aus dem Verstehen heraus geheilt zu werden« fragwürdig erscheinen. Jedoch können wir immer wieder feststellen, daß diese, bei bestimmten leichteren, aus der Entwicklung des frühkindlichen Lebens heraus sich ergebenden Störungen durch angemessenes Wahrnehmen und Verstehen zum Verschwinden gebracht werden können. Hierbei ist der Ausdruck Wahrnehmen wort-wörtlich zu nehmen, nämlich als »Wahrheit nehmen«, Wahrheit des anderen annehmen, »Lebenswahrheit aufnehmen, erklären und verstehen«. –

Beispielsweise wächst jemand in einem sehr armseligen Elternhaus auf. Die emotionale Zuwendung in der Kindheit ist sehr gering, die intellektuelle Begabung jedoch höher. Das Kind zeigt in der Schule gute Leistungen und findet dadurch Kontakt zu anderen, relativ wohlhabender ausgestatteten Mitschülern. Im Vergleich zu den reicheren Elternhäusern der Mitschüler empfindet das Kind gegenüber dem eigenen Elternhaus Scham und Abneigung, so daß sich allmählich ein deutlicher Konflikt herausschält. Es bestehen Entwertungsgefühle dem eigenen Elternhaus gegenüber in Verbindung mit Minderwertigkeitsgefühlen, die in scharfem Kontrast stehen zu einem gewissen Ehrgeiz, der durch gute Leistungen in der Schule motiviert wird. Dieser frühkindliche Konflikt wird später wiederbelebt bei hohem Leistungsanspruch im beruflichen Bereich, der in Kontrast steht zu einer relativ geringen Belastungsfähigkeit. So zeigt sich ein Leistungsdefizit, welches dadurch zustandekommt, daß bei einer hohen emotionalen Selbstunsicherheit mit einer Neigung zu Minderwertigkeitsgefühlen, ausgedrückt in der geringen Belastbarkeit, andererseits jedoch eine hohe Anspruchshaltung an die eigene Leistung resultiert. Allmählich entwickeln sich unter diesem Konflikt körperliche Symptome, welche zu entsprechenen Untersuchungen in einem Krankenhaus führen. Der Chefarzt diagnostiziert eine »vegetative Dystonie«. Der Betreffende empfindet diese Diagnose als eine schwere Kränkung: »Es war wie ein Judenstern.« Zunehmende Dekompensationserscheinungen im Leistungsbereich waren die Folge; ein unbewußter Konflikt, welcher erst durch genaues Durcharbeiten und wahrnehmendes Verstehen »geheilt werden konnte«.

Der Zuhörer, der Therapeut, der sich in diesen Kranken einfühlt, wird erst dann erfolgreich arbeiten können, wenn es ihm gelingt, in seinem eigenen Leben ähnliche Gefühle wahrzunehmen und zulassen zu können. Er wird in der eigenen Kindheit Konflikte erspüren und in einer Art Selbsterfahrung oder »Lehranalyse« entdeckt haben, wer er selbst gewesen ist, wie er selbst gefühlt hat, wie er selbst partnerschaftlich seinem Kranken gegenüber gleich ist und die unglückselige Spaltung in den sog. gesunden und kranken Persönlichkeitsanteil angenommen und überwunden haben sollte. Der Hilfesuchende spürt, ob der andere, der zuhörende Helfer sich als »betroffener« oder als »überlegener« Helfer fühlt. Die »Überlegenheit« des anderen, sein scheinbar »gesundes Besserwissen«, stört den Verstehensprozeß erheblich. Dieser vorläufige Hinweis möge zunächst genügen, um in das Thema des Verstehens einzuführen.

VII

Im folgenden werden Schritte vertieften Verstehens vorgestellt, dergestalt, daß der jeweils vorhergehende Verstehensschritt den nächstfolgenden Schritt vorbereitet. Auf diese Weise kann der Verstehensvorgang immer weiter und tiefer vorangetrieben werden (Aufdeckungsarbeit), so daß aus dem Ereignis des Verstehens als einem einmaligen (punktuellen) Vorgang ein Prozeß werden soll, welcher Verhaltensänderungen bewirkt.

In der Selbstwahrnehmung des Patienten entsteht das Gefühl *»Ich fühle mich besser verstanden«*. Er spürt vielleicht zum ersten Mal, daß einer da ist, der wirklich zuhören, schweigen, sehen kann und nicht von vornherein gleich »alles besser weiß«! Einer ist da, der erst redet, wenn er verstanden hat; noch nicht redet, solange er nicht verstanden hat. Der Nichtredende ist oft der Besserverstehende als der Redende, der noch nicht genau weiß, was er zu reden hat. Diese Erfahrung eines Gestörten: Einer hört genau hin was ich meine; einer sieht mich genau an und fühlt sich in mich ein, in mein Inneres, in meine frühere Beziehungskonstellation, in die frühere Welt meiner Kränkungen, Enttäuschungen, Verletzungen; einer ist da, der zunächst nur die Absicht hat, mich zu verstehen und mich anzunehmen, so, wie ich bin. Diese Neuerfahrung, diese Urerfahrung weckt ungemein schöpferische Impulse beim Kranken; eine Hoffnung auf neues, schöpferisches Dasein. So konnte beispielsweise der Patient, von dem vorhin die Rede war, sichtbar aufatmen und in neuer befreiter Hoffnung künftige berufliche Schwierigkeiten neu sehen und lernen, damit umzugehen, als er sich verstanden fühlte in der Kränkung durch den Chef, als das Stichwort der Diagnose »vegetative Dystonie« gefallen war. »Als er mir diese Diagnose ins Gesicht schleuderte, fühlte ich mich ›so verachtet‹, daß ich mich fortan selber nur noch verachten konnte.« Als er sich in dieser Selbstverachtung selber reden hörte und dieses Aussprechen beim anderen auf verständnisvolles Zuhören und Wahrnehmen stieß, konnte dieser Schmerz zugelassen, durchgesprochen und überwunden werden.

Aus dieser Wahrnehmung des Verstandenwerdens wächst die weitergehende Erfahrung in einem 2. Schritt des Verstehens: *Ich selbst verstehe mich besser.* Über das Verstandenwordensein entdeckt der Kranke sich selbst. Es wächst die Selbstwahrnehmung, die Selbsterkenntnis, die Einfühlung in sich selbst, in die eigene pathologische Welt der Gefühle und Vorstellungen. Allmählich entsteht Ordnung in dem Chaos meines Inneren. Allmählich entdeckt er das Gute und Böse bei sich selbst; die guten Gedanken und bösen Gedanken, die guten Gefühle und bösen Gefühle, weil er spürt, daß der andere das zuläßt, annehmen kann und wahrnehmen kann. Dieses Gefühl, der andere läßt mich so sein, wie ich bin, das Gute und das Böse, die guten Gefühle und die bösen Gefühle, er spürt sie auf, er reizt sie in mir hervor, er entdeckt sie in mir und will, daß ich es selber in mir entdecke. Dieses Gefühl der Selbstwahrnehmung führt zu dem Selbstverständnis, zu der Entdeckung, ich selbst verstehe mich besser, und dieser zweite Schritt des Verstehens verhilft zu einer allmählichen Selbstannahme. Es wird sich zeigen, daß in dieser *Bewegung vom Verstan-*

denwordensein zum Selbstverstehen ein dialogischer Prozeß abläuft, der Zeit fordert und mühsam ist, aber dann zum Erfolg führt, wenn in geduldiger Kleinarbeit und sorgfältigem Hinhören und Hinschauen die Beziehung wächst im partnerschaftlichen und gegnerschaftlichen Sinne, denn beide Aspekte gehören zusammen. Bei dem Patient zeigte sich dieser Verstehensschritt dahingehend, daß er allmählich begreifen konnte, daß der Vorgang des Verachtetwerdens, sich Verachtetfühlen in der Diagnose des Chefs etwas zu tun hatte mit Selbstverachtung und schließlich auch mit dem Gefühl der Minderwertigkeit in der Kindheit gegenüber den wohlhabenderen Kindern. In diesem Verstehensprozeß zeigt sich der Zusammenhang des frühkindlichen Lebens mit dem erwachsenen Leben. Das eine kann nicht vom andern getrennt werden, und der Verstehensvorgang ist schon ein erhebliches Stück vorangetrieben, wenn es gelingt, beide Wahrnehmungsbereiche zusammen zu schauen: den der frühen Kindheit mit dem des Erwachsenseins. Das Kind in uns, das Kind im Manne, der kleine Bub zeigt sich immer wieder in den Erwachsenen und in den Erwachsenen-Konflikten. Auch im Erwachsenen zeigt sich das Bedürfnis, geliebt, angenommen zu sein, und hierbei zeigen sich auch Bedürfnisse nach Partnerschaft, aber auch Erfahrungen der Gegnerschaft. Unser Patient mußte schon als Kind lernen und spüren, daß die reicheren Elternhäuser sich in kränkender Weise von seinem eigenen armen Elternhaus abgegrenzt haben und ein spannungsvolles Gegeneinander die Folge war. Aber er durfte auch erleben, daß er in schulischen Erfolgen Freundschaft finden konnte bei diesen »reicheren Kindern«. Das Gefühl der Verachtung in der Diagnose des Chefs wiederbelebte die Gefühle in der Kindheit, von den »Reichen« verachtet zu werden und intensivierte das Schamgefühl des kleinen Jungen in den erwachsenen Lehrern, der er selbst war. Dieser sehr tiefe und schwierige Wahrheitszusammenhang, der in jedem Leben vorkommt, muß angemessen verstanden und durchschaut worden sein, wenn Heilung erfolgen soll.

Aus diesem zweiten Schritt des Verstehens »ich selbst verstehe mich besser« folgt der dritte Schritt der Selbstwahrnehmung:

»Ich verstehe den Zusammenhang zwischen meinen Symptomen und meinen Konflikten, zwischen der Krankheit und meinen Lebensproblemen, zwischen meinen psychischen Störungen von heute und den Beziehungskonflikten von damals (siehe auch Paul Tournier: »Krankheit und Lebensprobleme«). »Psychosomatische Symptome, wie Kopfschmerzen, Schwindelerscheinungen, hoher Blutdruck, Magenstörungen, Gewichtsabnahme u. a. körperliche Symptome, aber auch psychische Symptome wie Angstgefühle, depressive Verstimmungszustände, zwanghafte Erscheinungen und andere Gefühlsstörungen haben etwas zu tun mit bestimmten psychischen »Komplexen«, die Konflikte ausdrücken. Bei unserem Patienten zeigte sich dieser Zusammenhang, als er begreifen konnte, daß seine vielfältigen körperlichen Symptome, insbesondere Kopfschmerzen, Schlafstörungen und ein »chronisch nervöser Magen« mit Brechreiz und Gewichtsverlust etwas zu tun hatten mit der ihm zugefügten »Kränkung«. Die Kränkung durch den Chef war deshalb so schwer, weil diese wiederbelebt hatte frühere Kränkungen in der Kindheit. Diese »multiplizierten« Kränkungen, so könnte man vielleicht sagen, machen krank! Was mich kränkt, macht mich krank. Das Verstehen dieses Zusammenhangs in einem längeren Verstehensprozeß ist von entscheidender Bedeutung für das Gesundwerden. In diesem Verstehensprozeß liegen die Chancen einer gelungenen Psychotherapie.

Aus diesem dritten Schritt des Verstehens folgt endlich die vierte und entscheidende Wirkung im Selbsthilfeprozeß des Kranken. Aus der Entdeckung des Zusammenhangs zwischen Krankheit und Lebensproblemen kann endlich entdeckt werden die innere Ermutigung im 4. Verstehensschritt (Veränderungsschritt):

»Ich muß mich ändern, ich kann mich ändern, ich darf mich ändern.«

Dieser neue Erkenntnisgewinn ist von entscheidender Bedeutung für den weiteren Fortgang des Verstehensprozesses. In der hier gemeinten Ausdrucksweise wird erstmals deutlich, daß der Kranke ein Stück seiner Eigenwahrnehmung benutzen kann, um eine Verhaltensänderung herbeizuführen. Der Zusammenhang zwischen Fühlen und Tun;

zwischen Innenrealität, der Welt der Gefühle und der Außenrealität, der Welt der mitmenschlichen Verantwortung – der Übernahme von Aufgaben, ist hergestellt. Die Beziehungsstruktur hat sich geändert: Von dem Sich-beschäftigen-Müssen mit der Innenwelt, den krankhaften Gefühlen, kann der Kranke jetzt nach außen orientiert leben und allmählich lernen, Verantwortung zu übernehmen.

Während im Rahmen der ersten drei Verstehensschritte unter dem Stichwort »Innenorientierung« die Beschäftigung mit sich selbst, mit den eigenen krankhaften Gefühlen, insbesondere mit den Problemen der Vergangenheit in der Beziehung zum Heute durchgearbeitet und herausgearbeitet werden sollten, in einem Verstehensprozeß, in welchem partnerschaftliche und gegnerschaftliche Erfahrungen von besonderer Bedeutung waren, soll jetzt die Wahrnehmung der Außenwelt, der Realität, der konkreten Lebensaufgaben gelernt werden. Es werden erste kleinere Lernschritte eingeübt in einem individuell angepaßten Beschäftigungsplan. Es werden kleinere Aufgaben gestellt und die Belastungsfähigkeit erprobt. Durch Teilnahme am Werken, Gestaltungs- und Arbeitstherapie, an Sport und Gymnastik werden zunehmend körperliche und psychische Aufgaben getestet und in Verbindung hiermit die Frage der Lebensfähigkeit erprobt. Erfolgserlebnisse sind hierbei von besonderer Bedeutung. Sie steigern das Selbstwertgefühl und motivieren zu weitergehendem Tun. Das Gefühl »ich kann etwas leisten, ich bin wieder arbeitsfähig« setzt einen neuen Reifungsschub in Gang, der von Bedeutung ist und in der vorwiegend aufdeckenden Gesprächs-Psychotherapie oft zu kurz kommt.

Aus diesem 4. Verstehensschritt der Selbständerung folgt der 5. Verstehensschritt, in dem der Kranke allmählich entdeckt: *Die Symptome werden geringer, sie verschwinden schließlich!* Dieser Verstehensschritt gründet auf der Ökonomie der psychophysischen Ganzheit des Menschen, welche darin besteht, daß bei Konzentration der Gefühle nach außen, in die Objektwelt, in die reale Welt der Verantwortung, in die Übernahme von Leistung, von Aufgaben und Verpflichtungen – Gefühle absorbiert, in Dienst genommen werden, auf ein Ziel hin eingeordnet werden und es hierdurch zu einer Neuorientierung, zu einer Orientierungsfindung kommt. Dieser Wahrnehmungsschritt, die Entdekkung der Außenwelt treibt den Heilungsvorgang ganz entscheidend voran und führt zum 6. Schritt des Verstehensprozesses (der Selbstwahrnehmung).

»Die Beziehungen zu meinen Mitmenschen werden besser!«

Nachdem unser Patient in den letzten Wochen der Therapie diese Erfahrung machen konnte, daß unter der Einübung zunehmender körperlicher und psychischer Belastung die Leistungsfähigkeit erprobt, Erfolgserlebnisse das veränderte Körpergefühl spürbar werden ließen, so war auch die psychische Belastungsfähigkeit deutlich gewachsen. Es wurden Heimat-Besuche ermöglicht, in denen die zuletzt gestörten Beziehungen zu Mitarbeitern geklärt werden sollten. In dieser neu gestellten Aufgabe mußte sich zeigen, ob das therapeutische Ich-Du-Verhältnis den Wahrnehmungsvorgang soweit vorangetrieben hatte, daß er sich selbst wahrnehmen konnte und in dieser Selbstwahrnehmung auch fähig war, andere Menschen, die nahen Mitmenschen wahrzunehmen und anzunehmen. Es mußte sich zeigen, ob die Fähigkeit zur Abgrenzung und Versöhnung stark genug war, um eine positive Wir-Erfahrung zu ermöglichen. Die Erfahrung zeigt, daß die »Übertragung des Verstehens« aus der Zweierbeziehung in die Wir-Beziehung erneut mit großen Schwierigkeiten verbunden ist und wieder zurückgeführt werden muß in die therapeutische Zweierbeziehung oder etwa auch in die seelsorgerliche Zweierbeziehung. Auch in unserem Falle war es so, daß der Patient ziemlich enttäuscht und resigniert zurückkehrte, zwar fähig war, seine Bedürfnisse anzumelden und erste Versöhnungsschritte einzuleiten; aber doch noch nicht stark genug war, die damit verbundenen Belastungen in vollem Umfang auszuhalten. Er hatte das starke Bedürfnis, erneut mit dem Arzt darüber zu sprechen und klärende Hinweise zu erhalten. In einem weiteren mehrwöchigen Klärungsprozeß wurde das Verstehen-Können eingeübt und versucht, auf weitergehende zwischenmenschliche Beziehungen hin auszudehnen. Erst danach war er erneut in der Lage, sich konfrontativ, abgrenzungsfähig und versöhnungsfähig zu verhalten. Er hatte den Mut gefunden, in der Gemeinde kleinere Aufgaben zu übernehmen und teilte mir in einem späteren Brief mehrere Monate nach der Entlassung mit, daß er nicht mehr so leicht zu entmutigen sei wie früher.

Diese therapeutischen Erfahrungen leiten über zu dem letzten Verstehensschritt, der weit über das individuelle Verstehen in der Zweierbeziehung hinausgeht. Das Wir-Verstehen, das Wir-Gefühl echter Gemeinschaft ist angesprochen in dem letzten Verstehensschritt:

»Wenn ich mich ändere, ändert sich die Umwelt!«

In diesem Wir-Gefühl echter Gemeinschaft wird das neutestamentliche Gemeindeverständnis angesprochen. Es beinhaltet die ungeheure Wahrheit, daß in der Gemeinde Jesus Christus anwesend ist, ja, daß die Gemeinde der Leib Christi ist und er selbst das Haupt. Dieses Bild einer Leibhaftigkeit Gottes auf Erden – in der konkreten Gemeinde, das echte Wir-Gefühl neutestamentlicher Gemeinschaft ist angesprochen in diesem letzten Verstehensschritt, in welchem die Tatsache gemeint ist, daß die Veränderung des einzelnen aus dem Glauben an Jesus Christus – die Veränderung der anderen, die Veränderung der Umwelt bewirkt. So sagt Jesus in der Bergpredigt: »Ihr seid das Licht der Welt, ihr seid das Salz der Erde!« Wer dieses verstanden hat, daß die Veränderung des einen Menschen – die Veränderung der anderen bewirkt, weil ein eigentümliches göttliches Gesetz darin wirkt und waltet, der ist weit über den psychotherapeutischen Verstehensvorgang hinausgedrungen. Hier waltet der Verstehensprozeß der Seelsorge, welcher zum Ziel hat die Erneuerung der Gemeinschaft, die Erneuerung der Gemeinde.

Dieser geheimnisvolle Zusammenhang kann hier nicht mehr näher erläutert werden; anhand der alttestamentlichen Josephsgeschichte soll an anderer Stelle* näher darauf eingegangen werden.

*In Vorbereitung: »Psychisches Fehlverhalten und die Heilung der Gottesbeziehung – einige Aspekte biblischer Anthropologie in ihrer Bedeutung für die Psychotherapie«, Verlag der Francke-Buchhandlung, Marburg.

Der dreifache Bund Gottes

(Andacht)

»Ich schwor dir's und schloß mit dir einen Bund«, spricht Gott der Herr, »daß du solltest mein sein.« (Hes. 16, 8).

Das ist das entscheidende weihnachtliche Geheimnis: Gott schließt einen Bund mit seiner gefallenen Menschheit. Für mich entscheidend ist, daß dieser Menschheitsbund auch für mich und mein Leben konkrete Gestalt angenommen hat. Wenn ich sagen soll, wann Gottes Bund mit mir begonnen hat, muß ich weit zurückdenken. Ich erinnere mich an die Zeit meiner Kindheit, an die Zeit nach dem Kriege, als ich etwa 10 Jahre alt war. Während dieser Zeit gab es in unserer Familie und insbesondere auch in meinem Leben viel Glatteis und Stolpersteine. Das Leben war schwierig: Die Zeit während der letzten Kriegsjahre und ersten Nachkriegsjahre, in denen meine Mutter allein, nachdem mein Vater im Krieg gefallen war, für uns zwei Buben, meinen drei Jahre jüngeren Bruder und mich sorgen mußte, war angefüllt mit existentiellen Schwierigkeiten, mit Problemen, die das Leben nicht angenehm machten. Mein Bruder war in dieser Zeit häufig krank, und ich hatte regelmäßig Schulschwierigkeiten, meine Mutter war nicht immer gerade fröhlich während dieser Jahre: So gab es hin und her Krisen in unserer schwergeprüften Familie.

In dieser Zeit hat Gott mit mir seinen Bund geschlossen. Er hat sich meinem Leben verbündet, er ist in eine Verbindung mit mir eingetreten. Verbündung und Verbindung kennzeichnen am besten den Bund Gottes mit mir: Konkret war das so, daß ich während dieser Jahre Gelegenheit hatte, in der Jungschar unseres CVJM während Sport und Spiel von einem jungen Mann, der aus dem Kriege zurückkam, die Jesus-Botschaft zu hören. Diese Wahrnehmung: Jesus will mich, er will mein Leben ganz, spürte ich sehr deutlich mit der ganzen expansiven Bewegungsfreude meiner Kindheit, und ich ging in ganzer kindlicher Unbekümmertheit darauf ein. Auch ich entschied mich für ihn: »Jesus, ich will dich; koste es, was es wolle, dich will ich haben!«

Dies war der erste Abschnitt des Bundes Gottes mit mir. In der Folgezeit mußten weitere Schritte auf diesem Wege geschehen: Es waren hin und her in der Schule, im Umgang mit unterschiedlichen jüngeren und älteren Menschen Schritte des Wagens, der Abgrenzung, der Auseinandersetzung, der immer neuen Versöhnung, des Lernens, miteinander umzugehen; Versöhnungs- und Abgrenzungsschritte leisten, wie ich heute im Nachhinein sagen würde, kennzeichneten schon damals mein jungenhaftes Leben und brachten mich in Krisen, aber auch immer wieder aus den Krisen heraus in neue Gottesbegegnungen. Ich entdecke heute, daß damals schon Gott nicht lockergelassen hat, an mir zu arbeiten und mich immer wieder herausgerufen hat, es zu wagen mit den andern, die anders sind als ich, die besser sind als ich, tüchtiger in der Schule – oder auch schlechter, weniger geschickt! Er wollte, daß ich mich mit den andern offen und fair einlasse. Auf diesem Wege wurde ich vor vielen »Sünden der Jugend« bewahrt! Auf der andern Seite wurde ich aber auch in Probleme hineingeführt, von denen die meisten nichts wußten. Hier wäre vieles zu sagen, was jetzt aus Zeitgründen nicht geschehen kann!

Der dritte Abschnitt des Bundes Gottes, der mich heute bewegt, von dem ich sprechen will, ist der, daß Gott Verheißungen hat für mich an der Schwelle eines neuen Jahres, unmittelbar vor einem neuen Weihnachtsfest. Vor mir brennt eine helle Kerze. Sie ist eingebettet in weiße Rosen. Dies weckt in mir das Bild von den blühenden Rosen zwischen den Dornen. Kein Dorn ohne Rose, aber auch keine Rose ohne Dornen. Das Geheimnis des Bundes Gottes besteht immer wieder darin, daß er aus Dornen Rosen erblühen läßt denjenigen, die es zulassen, daß göttliches Licht eindringt in unsere Finsternis. »Das Licht scheint ja immer in die Finsternis« – die Frage ist, ob die Finsternis es begreift, sich verwandeln und verändern läßt in das Licht einer neuen Schöpfung! Dies empfinde ich als die Verheißung für ein neues Jahr: angesichts schwerwiegender weltweiter Probelme und angesichts einer nicht zu leugnenden Katastrophenstimmung stelle ich doch fest, daß der Bund Gottes mit mir eine Festigkeit hat, die durch nichts zu brechen ist: welche Freude, welch ein Geheimnis: Finsternis bedeckt das Erdreich und Dunkel die Völker, aber über dir geht auf der Herr, und seine Herrlichkeit erscheint über dir!

Fasse ich den dreifachen Bund Gottes mit mir zusammen: Er verbündet und verbindet sich mit meiner Vergangenheit, der Bund fängt an, er setzt ein Fundament. Auf diesem Fundament folgen aktuelle Schritte in die immer neue Gegenwart hinein, Schritte der Versöhnung, der Abgrenzung des Lebenlassens und Selbstlebens! Daraus folgen Verheißungsschritte in die neue Zukunft. Der Bund Gottes führt mich dazu, daß ich versöhnungsorientiert und verheißungsorientiert leben kann, verheißungsorientiert, d. h. offen für die größere Zukunft Gottes angesichts einer immer auswegloseren Welt.

Wir beten: So preisen wir dich den einzigeinen lebendigen Gott, den Vater, den Sohn, den Heiligen Geist – daß du hast durch deinen Bund aufleuchten lassen das Licht, welches in die Finsternis scheint, Amen!

Der Weg nach innen

Was ist mit »innen« gemeint? Den Kern, das Wesentliche einer Sache erfassen, den Inhalt statt der Verpackung. Einen Brunnen bauen, so lange graben, bis man auf Wasser stößt, statt voreilig zu sagen: »Da ist nichts zu machen, bei dem ist Hopfen und Malz verloren.« – Sich selber heimsuchen lassen in dem Sinne, daß ich mich durch meine Heimsuchung heimholen lasse, statt mich in Klagen über mein Leid zu verlieren.

Zu mir kommen! Selbstverwirklichung. Ein für viele anstößiges Wort. Muß ich nicht mein Leben lassen? Soll ich nicht den andern höher achten als mich selbst? Um Christi willen? Mein Leben ihm hingeben? Selbstverleugnung statt Selbstverwirklichung?

Eine falsche Alternative! Richtig erscheint es mir so: Nur, wer zu sich selber gekommen ist, nur ein starkes Selbst kann sich selber verleugnen. Mit gebrochenem Rückgrat (verursacht durch enge Moral oder Scheinheiligkeit) ist man dienstuntauglich. Nicht hingabefähig an Gott und den Nächsten.

Deshalb zu mir kommen! Es stammt von Karl Valentin: »Haid b'suach i mi. Hoffentlich bin i dahoam.« (Heute besuch ich mich; hoffentlich bin ich daheim.)

Am Anfang des Weges steht die Mutter. Eine Binsenweisheit, wenn man *ein Kind zur Welt bringen* als die Sache von Stunden betrachtet. Anders gesehen dauert es Jahre. Am Anfang ist noch sehr viel offen. Gewiß nicht alles, die Erbanlagen reden ein gewichtiges Wort mit, ob einer Briefträger oder Postminister wird, glücklich oder depressiv. Aber die Einflüsse der Umwelt wiegen nicht weniger. Und Umwelt ist vor allem anderen die Mutter. Die Mutter als Schicksal!

Und die Väter sind fein raus? Aber, wie kann eine Frau ihre Kinder lieben – lieben, nicht verhätscheln! – wenn sie nicht Geliebte ist, ihr Mann abseits steht oder gar Schlimmeres tut.

Was gibt sie ihrem Kind mit auf den Weg? Vertrauen? Angst? Liebe? Selbstsucht? Freiheit? Ordnung? Sicher alles, in der Regel, aber in welchem Maße? Zuviel Freiheit macht Chaoten und Playboys, zuwenig Duckmäuser oder Revoluzzer. Und wenn einer in den entscheidenden Kindheitsjahren erfährt – es nur gepredigt bekommen, ist noch nicht gar so schlimm! –, daß er ganz und gar wertlos sei, nicht wert, geliebt zu werden, wie soll er da noch glauben können, daß ihn einer mag, ihn liebt. Der Weg, auch der nach innen, ist verschlossen. Die Dornenhecke läßt keinen Freier hindurch. Bis auf den Einen, zu guter Letzt.

Der Weg nach innen ist schwer und gefahrvoll. Wie die Fahrt auf einem unbekannten, reißenden Strom. Was zu Beginn an Ausrüstung fehlt, muß unterwegs herbeigeschafft werden, unter erschwerten Bedingungen und – mehr oder weniger – notdürftig. Psychotherapie, auch Seelsorge, können nur notdürftig die Mutter, den wichtigsten Seelsorger, ersetzen; unser Wissen in Psychotherapie und Seelsorge ist Stückwerk, wieviel mehr unser Tun.

Welche Gefahren drohen auf dem Weg nach innen? Einmal, daß einer tut, wozu andere ihn drängen. Daß einer tut, was *man* tut. Daß er versucht zu kopieren, abzuschreiben. Doch jeder hat seine einmalige unverwechselbare Ausrüstung mit auf den Weg bekommen, einmalige Erbanlagen, einmalige Umwelt. Und damit einen einmaligen Auftrag, einen einmaligen Weg. Demnach ist Kopie Selbstverfehlung. Ein Unglück. Das Gedicht vom Fink und Frosch (Wilhelm Busch) sagt es spaßhaft und treffend:

»Im Apfelbaume pfeift ein Fink
sein Pinkepink.
Ein Laubfrosch kettert mühsam nach . . .«

versucht, wie der Fink zu pfeifen, schließlich will er auch fliegen, springt von seinem hohen Ast, landet auf dem harten Boden,

»ist platt, wie man die Kuchen backt,
und hat für ewig ausgequakt. –
Wenn einer, der mit Mühe kaum
geklettert ist auf einen Baum,
schon meint, daß er ein Vogel wär',
so irrt sich der.«

So die Moral von der Geschichte. Es erfordert wirklich viel Moral, viel Mut, zu seinem Maß zu stehen. Namentlich zu seinen Grenzen. Statt nach den Pfunden zu schielen, die anderen anvertraut sind.

»Das ist der Ast in deinem Holz,
an dem der Hobel hängt,
das ist dein Stolz.«

Frieden mit sich selber! Sonst ist der Weg nach innen versperrt. – So wie ihn Hörigkeit versperrt. Anderen gehorchen, statt dem eigenen Gewissen. Gott, Jahwe, heißt: *Ich bin, der ich bin.* Und auf sein Bild zu geschaffen sein heißt: *Ich bin, der ich bin* verwirklichen.

Die andere Gefahr: sich nicht entscheiden wollen. Denn entscheiden heißt verzichten. Wer Inge heiratet, muß auf Ilse verzichten. Dem, der es nicht einsieht, ergeht es wie dem Hund, der mit einem Stück Fleisch in der Schnauze auf einem Steg steht, der über ein Gewässer führt. Als er auch noch nach dem Fleisch springt und schnappt, das er im Spiegel des Wassers erblickt, geht ihm alles verloren. – Zwei Frauen haben heißt keine haben. Zwei Dinge fassen heißt keins erfassen, keinem wirklich begegnen. Beethoven hören und mit der Nachbarin plaudern!? Beim Arbeiten in Gedanken in der Freizeit sein und in der Freizeit bei der Arbeit, das läßt beide mißlingen. Nach vorn gehen und rückwärts schauen verwandelt einen zur Salzsäule. Ähnlich: In der Gegenwart gefordert sein, aber von der Vergangenheit nicht loskommen; das Heute verfehlen aus Sorge um das Morgen; alt sein, aber jung sein wollen; Frau sein, aber Mann sein wollen; ja sagen, aber nein denken; du sagen, aber ich meinen. Die Freiheit und das Himmelreich gewinnen keine Halben, der Weg nach innen ist versperrt.

Halbheiten und Abhängigkeit von anderen, sie beneiden, sie kopieren, mit anderen Worten: Ambivalenz und Selbstverfehlung sind der Boden, auf dem das Unkraut wächst: Spannungen, Verstimmungen, Angstträume, Krankheiten. Doch wie Gericht zweierlei bedeutet, Urteil und gedeckter Tisch, so auch die mit Unkraut benannten Beschwerden: Sie sind Not und Chance zugleich. Ich glaube, es stammt von Luther: »Unsere Leiden sind die Schäferhunde des guten

Hirten.« – Erfahrene Botaniker erkennen an der Flora die Beschaffenheit des Bodens und damit, was man tun muß, um den Boden fruchtbarer zu machen. So gibt auch das erwähnte Unkraut fruchtbare Hinweise.

Beispiele aus der ärztlichen Praxis (die Umstände sind so verändert, daß die Schweigepflicht gewahrt ist):

Eine Patientin mit sexueller Hingabestörung, die sie aber nicht als schlimm empfindet; hingegen leidet sie sehr an ihrer Appetitlosigkeit. »Alles, was ich esse, liegt mir wie ein schwerer Klumpen im Magen.« Zu ihrer familiären Situation: Sie hat noch einen 2 Jahre jüngeren Bruder, der von der Mutter verwöhnt und vorgezogen wurde. In ihrer Ehe gibt es eine ähnliche Konstellation, ohne daß es die Patientin bisher wahrgenommen hatte: Ihr Ehemann ist der Liebling seiner Mutter. Und die wohnt im selben Haus. – Ich bitte die Patientin, sich in ihren Magen einzufühlen, in ihrer Phantasie ganz Magen zu sein und als Magen zu sagen, wie ihm zumute ist. Danach ist sie die Speise, die der Magen verweigert. Es gibt ein Zwiegespräch zwischen den beiden Kontrahenten. Der Magen sagt: »Ich mag dich nicht, du machst mir Angst.« Und die Speise wirbt um den Magen: »Ich bin dir doch gut, warum weist du mich ab?« – Was der Patientin aufgeht: »So, wie Speise und Magen, so sind auch mein Mann und ich zueinander. Ich möchte mit ihm über die Schwierigkeiten, die ich mit ihm habe, reden; aber ich trau mich nicht (Ambivalenz!). Ich kann es nur mit dem Magen ausdrücken, was ich sagen möchte.« – Ein anderer Patient, der von seinem Chef eingeladen ist, nicht hin mag, aber sich nicht traut abzusagen, bekommt eine Migräne. Sein Kopfschmerz drückt aus, was er nicht direkt zu sagen wagt.

Unsere Organe ebenso wie Gefühle und Träume können stellvertretend für den Mund reden. Und damit deutlich machen, daß ein Zwiespalt besteht, ein Ja-Aber, eine Ambivalenz. Oder eine Selbstentfremdung, eine Selbstverfehlung, eine Hörigkeit. Wer beispielsweise als Erwachsener träumt, daß seine längstverstorbene Mutter noch quicklebendig ist, gar träumt, daß er auf ihrem Schoß sitzt, wird sich fragen müssen, wo er sich unreif, wie ein Kind verhält. Und wer Unruhe, ständige Übermüdung, Melancholie oder Gereiztheit nicht als etwas versteht, was über einen kommt wie das Wetter und worüber man sich am besten mit Tabletten oder Kaffee hinwegsetzt; sondern wer bereit ist, die Botschaft dieser Verstimmungen ebenso wie die der Träume und der organischen Störungen zu verstehen und zu beherzigen, der ist auf dem Weg nach innen.

Die Sprache unseres Körpers, unserer Träume und Gefühle, erscheint uns anfangs fremd. Eine Fremdsprache. Es ist die wichtigste. Und schwerste. Die wichtigste, weil von ihrem Erlernen abhängt, ob einer den Weg nach innen findet. Die schwerste, weil ihm die Botschaft, die ihn doch nach innen, ins wahre Leben rufen will, ihm wie ein Todesurteil erscheint, weil sie ihn entlarvt. Und Verzicht von ihm verlangt. Verzicht auf die Sicherheiten, die er sich davon verspricht, daß er tut, was man tut oder andere von ihm erwarten. – Verzicht auch darauf, sich alle Wege offen zu halten, Verzicht auf Ambivalenz, letztlich Verzicht auf ein Doppelleben, das gerade das wahre Leben verhindert.

Englisch und Französisch mag man im Fernkurs erlernen, nach Lehrheften und Kassetten. Die wichtigste Fremdsprache hingegen erlerne ich nur in der Begegnung von Mensch zu Mensch. In der Begegnung mit einem Menschen, der gewiß so »sprachkundig« sein muß, die Botschaften meines Körpers, meiner Gefühle, meiner Träume aus der fremden Sprache übersetzen zu können. Aber er muß auch der Mensch sein, der mir glaubwürdig vermittelt – nicht mit schönen Worten! –, daß er mich liebt, wie ich bin, auch, ja erst recht, wenn ich ihm nicht hörig bin, sondern Individuum, und daß er mich liebt, gleich, wie ich mich entpuppe, gleich, wie ich mich entscheide.

Seine Entscheidungen nach dem anderen ausrichten hat seinen Ursprung in der Angst, von dem anderern nicht mehr geliebt zu sein, falls man eigene Wege geht. Auch sich nicht entscheiden können, das zweite Hindernis auf dem Weg nach innen, geschieht aus Angst vor Liebesverlust. Vereinfacht gesagt, die Furcht, daß man, wenn man Inge wählt, die Liebe von Ilse verliert.

Doch, wer erfährt – erlebt! –, daß er unbedingt geliebt ist, für den zählt nur noch diese unbedingte Liebe. Die aber wird nicht angetastet durch den Liebesentzug – sofern man das Liebe nennen will –, den Liebesverlust der Menschen, die *bedingt* lieben, die nur lieben, solange der »Geliebte« ihrem Geschmack, ihren Wünschen entspricht.

Als *unbedingt* Geliebter hat er die Angst vor »Liebes« -Verlust überwunden, kann er also wählen und – statt anderen hörig zu sein – sich zu sich selber bekennen. Der Weg nach innen ist offen.

Der Weg nach innen ist der Weg nach außen. Die Tür, die ins Haus führt, führt auch heraus. Wer befreit ist, befreit. So, wie er sich nicht mehr von der Meinung anderer binden läßt, so hört er auch auf, andere zu katalogisieren und damit zu fixieren. Er traut dem anderen Änderung zu, statt voreilig zu denken, zu sagen: Ich weiß schon, was von dem kommt, was der sagt, da braucht man gar nicht erst hinzuhören.

Vertrauen entbindet den anderen aus seiner Verflochtenheit, und so kann der eine vom anderen Befreiendes erfahren. Im Grunde ist jede Hilfe von Mensch zu Mensch nach dieser Art. Zwei, denen die Hände gefesselt sind, und die sich nur gegenseitig befreien können. – Wer Liebe empfängt, gibt Liebe weiter. Die Kraft zu geben ist gleich der Kraft zu empfangen. Der Geliebte liebt. Den Nächsten wie sich selbst.

An jedem Ort auf dem Weg nach innen baut er einen Brunnen. Das erfordert Zeit. Und Durst! Wer sich mit Unwesentlichem absättigt, seine Zeit mit Äußerlichkeiten vollstopft, mit Routine und Zerstreuung, hat keinen Durst nach mehr, nach dem Innen.

Was ist Innen? Anders gefragt: Was ist Friede, Wahrheit, Liebe, Glück? Hermann Hesse schreibt in einem Märchen (»Piktors Verwandlungen«): »Das Glück, o Freund, ist überall, in Berg und Tal, in Blume und Kristall.« – Eine kleine Geschichte, deren Verfasser ich nicht kenne, sagt es noch treffender:

Ein glücklicher Mensch wird nach dem Grund seines Glücks gefragt. Er antwortet: »Wenn ich arbeite, arbeite ich; wenn ich ruhe, ruhe ich; wenn ich du sage, meine ich du, wenn ich . . .« »Und?« meinten die Fragenden. Der Glückliche wiederum: »Wenn ich arbeite, arbeite ich; wenn ich ruhe, ruhe ich; wenn ich du sage, meine ich du; wenn ich . . .« Die anderen: »Aber das tun wir doch auch.«

»Nein«, sagte der Mann, »wenn ihr hier seid, seid ihr schon dort; wenn ihr arbeitet, feiert ihr schon, wenn ihr . . .«

Wer sich wirklich einläßt auf seine jeweilige Situation, findet überall das Glück. Den Frieden. Wer sich seinem *Hier und Jetzt* hingibt, nach bestem Wissen und Gewissen, findet überall die Liebe. Oder die Notwendigkeit, die empfangene Liebe weiterzugeben. In allem begegnet er Gott: Dem Gekreuzigten in allem Schmerz dieser Welt, in allen Leidenden, die seine Hilfe brauchen. Und dem Auferstandenen in allem Beglückenden und Tröstenden dieser Welt.

»Wo ich gehe – du!
Wo ich stehe – du!
Nur du, wieder du, immer du!
Du, du, du!
Ergeht's mir gut – du!
Wenn's weh mir tut – du!
Du, du, du!
Himmel – du, Erde – du,
oben – du, unten – du,
wohin ich mich wende, an jedem Ende
nur du, wieder du, immer du!
Du, du, du!«

(Martin Buber)

»Du bist an der Reihe!«

(Andacht)

So heißt die Geschichte, die ich vor Jahren irgendwo gelesen habe, ich weiß nicht mehr, von wem sie ist.

Es geht um einen Mann, der als Kind oft etwas spielte, wo es am Schluß immer wieder heißt: Du bist an der Reihe.

Als er älter wurde, hatte er nie mehr den Eindruck, an der Reihe zu sein, denn er war bei der Müllabfuhr, und das bedeutet für viele ein Makel. Deswegen hatte er auch den Eindruck: die anderen meiden mich, vor allem die Mädchen. Wenn es einmal trotz seiner Hemmungen zu einem Kontakt kam und er einem Mädchen sagte, er sei bei der Müllabfuhr, dann war es ihm, als habe er gesagt, daß er ein Dieb sei. So gewann er mehr und mehr den Eindruck: Ich bin nie mehr an der Reihe, jemand, der bei der Müllabfuhr ist, den will kein Mädchen haben.

Eines Tages geht er spazieren, nicht im Müllanzug, sondern gut gekleidet, und setzt sich auf eine Bank im Park. Ein Mädchen setzt sich neben ihn, und es begibt sich so, daß sie in ein Gespräch kommen. Plötzlich sagt das Mädchen: »Ich kenne Sie doch.« Er schüttelt den Kopf: »Unmöglich!« »Doch«, sagt sie, »ich kenne Sie.« Immer dasselbe Elend, denkt er, die kennt mich bestimmt von der Müllabfuhr.

Aber, nun kommt ihm ein Gedanke: Um das zu vermeiden, was ihm in Wirklichkeit oder vermeintlich immer wieder passierte, sagt er zu dem Mädchen: »Sie könnten mich höchsten vom Amt her kennen. Ich bin nämlich städtischer Angestellter.«

Das Mädchen hört es sich an, sie verabreden sich für das nächste Mal, und schließlich stehen sie vor der Verlobung. Er mit seiner Lüge: Ich bin städtischer Angestellter, einer mit Schlips und Kragen.

Eines Tages – er ist wieder mit dem Müllauto unterwegs und steht mit gesenktem Kopf an den Türen, um die Mülleimer abzuholen – streckt sich ihm eine kleine weiße

Hand entgegen, die er gut kennt. Er steht vor seinem Mädchen. Er wird rot, wird blaß, rennt weg, kündigt bei der Müllabfuhr, geht in eine andere Stadt, so schrecklich ist ihm die Sache.

Als er nach Monaten wiederkommt, sagen ihm seine Kollegen: »Wir wissen, weshalb Du abgehauen bist. Aber glaub nicht, daß sie etwas gegen Dich hatte, und schon gar nicht, weil Du bei der Müllabfuhr bist, ganz im Gegenteil, sie hat gesagt, ihr wäre keiner lieber als einer von der Müllabfuhr. Wenn sie nur unsere Mützen sähe, die wir bei der Arbeit tragen, schlüge schon ihr Herz schneller. Und jetzt hat sie sich mit unserem Kollegen Ferdinando verlobt.«

Unser Müllabfuhrmann war endlich an der Reihe, aber er verpaßte seine Chance, weil er nicht sein wollte, der er war.

Das Sich-selber-Verleugnen, das-so-tun-als-ob, ist das nicht unser aller Problem? Sind wir nicht von Kindheit an darauf dressiert – der eine gewiß mehr als der andere –, unsere schäbige Seite zu verbergen und die gute hervorzukehren? Geht es nicht überall darum, groß und stark zu sein, schön, klug, reich, glücklich? Sagt nicht bei jedem unserer Auftritte eine Stimme in uns: Bitte lächeln!? Lächeln wie Geschäftsleute! Wenn die es nicht mehr tun, sind sie beleidigt. Oder wir lächeln, um bei den vermeintlichen Wölfen ringsum eine Beißhemmung zu bewirken. Lächeln, um zu überleben!

Die Wirklichkeit ist anders. Unser So-tun-als-ob, unsere Maske, macht unser Leben kaputt. Ich verdeutliche das meinen Patienten und mir selber gelegentlich, indem ich einen Sessel, der meine Maske darstellen soll, hochstemme und mir vors Gesichte halte. So etwas hält der Stärkste nicht durch. Welche Befreiung hingegen, wenn ich den Sessel fallen lasse.

Da ist Gottes Angebot an dich: Laß deine Maske fallen, bekenne dich zu dir, wer oder was du auch seist, ich liebe dich, wie du bist, ohne Vorbedingung. Und wenn ich für dich bin, wer kann dann noch gegen dich sein, wer kann dir dann noch ernsthaft schaden? Deshalb hast du keinen Grund mehr, deine schwere Maske zu tragen. Du darfst schwach sein, krank, heruntergekommen. Es gibt nichts, was du nicht sein dürftest. Was nicht heißt, daß du jedem sagen sollst, wie es um dich bestellt ist. Es gilt, ein Gespür dafür zu entwickeln, wo es möglich ist, sich anzuvertrauen, statt die Menschen über einen Kamm zu scheren und alle für vertrauensunwürdig zu halten. Und es gilt, durch eigene Öffnung – die gewiß oft vorsichtig geschehen muß, wachstumsartig – beim anderen Öffnung, Vertrauen zu bewirken.

Das wohl bedeutsamste Gleichnis, die Geschichte vom verlorenen Sohn, erzählt von einem, der sich zu sich bekannte und so seine Chance wahrnahm, statt sie wie der Müllabfuhrmann zu vertun. Einige Verse aus dem Gleichnis (Luk. 15, 18–20): »Ich will zu meinem Vater gehen und zu ihm sagen: Vater, ich bin vor Gott und vor Dir schuldig geworden. Ich verdiene es nicht mehr, Dein Sohn zu sein. Laß mich als einfachen Arbeiter bei Dir bleiben!« – So machte er sich auf den Weg zu seinem Vater. Der sah ihn schon von weitem kommen, und voller Mitlied lief er ihm entgegen, fiel ihm um den Hals und küßte ihn.

So erging es jenem verlorenen Sohn. Und nun bist du an der Reihe!

Versöhnung

Lauter und dringender wird in unserer Welt der Ruf nach Frieden und Versöhnung zwischen den Völkern, Rassen, Staaten, Ideologien, Armen und Reichen.

Dabei fragen sich viele Menschen: Ist das möglich, Friede, Verständigung, Vertrauen, Versöhnung?

Ist es denkbar?

In dieser unserer Zeit, bei der Gefährdung des Weltfriedens heute, global? In einer Epoche von Hungerkatastrophen und der Gefahr des atomaren Weltbrandes – wo Überleben eigentlich das Minimalprogramm darstellt, wo riesige Macht und Gewalt monopolisiert wird in globalen absoluten Konzentrationen? Wo »Friede« als weltpolitische Stabilität der Erhaltung militärisch-nuklearer Pattstellung gedacht wird? Wo die Menschheit, sehnsüchtig und irreal das Miteinandersein aller Menschen träumend, in einem archaisch anmutenden System der Angst und Spannung gehalten wird? Wo die Koexistenz der Giganten sich entpuppt als eine undurchschaubare Komplizenschaft? Wo Angst und Mißtrauen die angeblich normale Grundlage des Lebens, der Person sind?

Ist es da nicht anmaßend und spricht für mangelnde Realitätsanpassung des Therapeuten, wenn er vom kleinen Einzelnen sprechen will und seinem Frieden, von Versöhnung, vom guten und friedlichen Leben miteinander? Wo doch gerade heute der Einzelne und sein persönliches Ich in der Gesellschaft und in allen möglichen Gruppen- und Kollektivprozessen mehr und mehr reduziert wird?

Trifft er überhaupt den Kern der Sache? Ich meine: Ja! Gerade diesen Kern, um diesen Kern der Sache geht es in unserer therapeutischen Arbeit: Der Weltfriede beginnt bei mir selbst, in mir, in meiner kleinen Lebensgemeinschaft, bei Ich und Du. Das globale Geschäft des Friedensstiftens hat sein innerstes Movens bei der Frage an mich: Bin ich ein Zufriedener, ein Friedensfähiger oder zerfallen mit mir selbst, im Zwiespalt mit meiner Lebensgeschichte, meiner

Erinnerung, krank in meiner umgrenzten Kommunikationsmöglichkeit?

Ich möchte den Begriff der Versöhnung, der uns allen so vertraut scheint und mit dem wir so selbstverständlich umgehen, nicht abstrakt theoretisch behandeln, sondern in einigen Skizzen, lebendigen Beispielen vor Sie hinzeichnen, aber bitte nicht als interessante, im Grunde uns alle nichts angehende »Fälle«, sondern als Darstellung einer jeden von uns betreffenden Not, Krisis, Krankheit.

Vier Schicksale, in denen wir uns erkennen, die unsere gewohnte Selbstverleugnung aufbrechen sollen und uns unsere Friedlosigkeit, tiefe Unzufriedenheit, Unversöhnlichkeit mit uns selbst, mit unseren Mitmenschen, mit Gott offenbaren wollen.

Denn im psychotherapeutischen Geschehen gibt es nur Betroffene, Therapeut und Kranker sind gleichermaßen Gefragte – nicht, wie auf einem alten Bild der Alchimist, der interessiert, neugierig und spitzbübisch erwartungsvoll in den brodelnden chemischen Prozeß blickt, im Grunde unbeteiligt – nein: Begegnung in der Psychotherapie ist Gleichzeitigkeit, nicht Ausagieren eines Herrschaftswissens oder einer allmächtigen Technik, sondern die unerbittliche Frage nach der Wahrheit, Echtheit des Seins, der sich beide zu stellen haben. Hier ist nach C. G. Jung Unsicherheit des Therapeuten die größte Sicherheit.

*

Sie ist 38 Jahre alt, verheiratet, ein zehnjähriger Sohn. Wirtschaftlich keine Probleme. Sie kommt wegen allgemeiner Erschöpfung, nervöser Beschwerden, flüchtiger trauriger Verstimmung mit Angst und Verzweiflung. Die gestörte Beziehung der Ehepartner wird schlaglichtartig erhellt durch ihre Mitteilung, daß der Junge, wenn die Eltern in der Stadt einkaufen, am liebsten im Auto sitzen bleibt und seine Comic-Hefte liest. »Er spürt das miserable Klima zwischen uns, und es macht ihm keinen Spaß, mit uns zusammen zu sein.«

Dann sitzen beide bei mir, und es wird deutlich, daß die Verständigung zwischen ihnen nicht möglich ist. »Mein

Mann braucht keinen Menschen, er verstummt mehr und mehr, und alles, was konflikthaft auftaucht, kehren wir unter den Teppich.« Seine stereotype Floskel – und es ist tatsächlich eine Floskel – ist: »Pardon, Liebling, du hast ja recht.«

So geht es Jahr um Jahr, und in vielen Ehen läuft es ebenso. Der eine der Partner wehrt sich, will alles aussprechen, klären, bereinigen, aktiv und ungeduldig – der andere zieht sich zurück, schweigt, erstarrt, verstummt. »Stille Messe« nennen wir das, und es dauert tagelang, bis schließlich einer nachgibt, angekrochen kommt, bettelt, um Verzeihung bittet, wofür weiß er selbst im Grunde nicht, belügt sein eigenes Gefühl, das ihm etwas ganz anderes signalisieren will – Zorn, Wut, Empörung, Widerstand gegen Demütigung und Unwahrhaftigkeit. Dann aber herrscht an der Oberfläche wieder Erträglichkeit. In der Tiefe aber – und die Kinder bekommen dieses atmosphärische Gift mit – liegt angehäuft Konfliktstoff, unerledigt, unbereinigt, Pardon!

Hier ist Vergebung oder Verzeihung eine vordergründige unwahrhaftige Pseudolösung. Die Lösung, die echte, konstruktive heißt: Streiten verbindet! Ich drücke meinem Ehepaar das Buch von Bach »Streiten verbindet« in die Hand und bitte sie, es zu lesen, nein, durchzuarbeiten, zu lernen. Streiten verbindet: Es geht weniger um die großen Probleme als vielmehr um die scheinbar kleinen Konflikte, und wir spielen zu dritt einen solchen miteinander durch: wie er nach Hause kommt und regelmäßig Hut, Mantel, Aktenmappe irgendwo hinwirft und sich hinter die Zeitung setzt. Hundertmal hat sie ihn gebeten, seine Sachen doch ordentlich an ihren Platz zu bringen – (»und mein Vater hat das immer so vorbildlich gemacht«) nie tut er es, sie kocht vor Wut, schreit, er sitzt still hinter der Zeitung – Pardon, Liebling.

Konflikte sind im Grunde wichtige Möglichkeiten zur Vertiefung unserer Gemeinschaft, sind heilsam und bringen uns in eine größere Nähe zueinander, aber nur, wenn sie offen und sorgfältig bearbeitet werden. Sie muß lernen, still zu sein, zu warten, in sich selbst abzuklären, worum es geht, was der eigentliche und wirkliche Streitpunkt ist, sich möglichst deutlich ihre Gefühle und Aggressionen bewußt zu machen. Ihn in ihrer Impulsivität und Spontaneität zu schütteln und zu provozieren, das erkennt sie, hat keinen Sinn. Sie müßte und möchte seine Empfindungen erkennen, und er, der Passive, wird von mir ermutigt, sich auszusprechen, darzustellen, die schwere Verschlossenheit zu lockern und zu sagen, was in ihm vorgeht. Das braucht Zeit, viel Zeit, Ruhe, Geduld, Mut.

Begegnung heißt da: Sprich, damit ich dich sehe! Schweige, damit ich dich höre! – heißt: »im Widersprechen einander treu bleiben.« Zeit füreinander aufbringen, die überaktive Impulsivität zügeln lernen, die mundfaule Überheblichkeit transformieren in das Eingeständnis der eigenen Angst, Scham, Hilflosigkeit, Niederlagen.

Gewiß liegen tiefenpsychologisch deutbare Störungen in den genannten Eheschwierigkeiten vor, wie z. B. in unserem Fall ihr ständiges Vergleichen des Ehepartners mit dem Vater, der so sorgfältig und ordnungsliebend war. Aber wir sollten von der Verhaltenstherapie einiges lernen und den beiden Partnern, sofern sie es ernst miteinander meinen, ein Trainingskonzept geben, um einen Neubeginn zu wagen. So wie die beiden sich für acht Tage zurückzogen in eine stille Weltecke und zu buchstabieren begannen: Ich und Du, WIR, Übereinstimmung und Versöhnung.

Eine Bemerkung noch zur Ansicht, vor den Kindern sollten die Eltern nicht streiten. Ich bin anderer Meinung: Eine wichtige Erfahrung des Heranwachsenden müßte sein, daß die Eltern Menschen sind, die auch Differenzen, Meinungsverschiedenheiten, Ärger und Dissonanzen miteinander haben. Dies sollte deutlich herauskommen – nicht eine scheinbar ewig lächelnde Harmonie. Dann aber, und das ist das Entscheidende, daß die Kinder mitbekommen, wie zwei Erwachsene einen Konflikt austragen, hart in der Sache, versöhnlich und bereit in Einsicht in die Relativität des je eigenen Standpunktes, das Thema (ich denke z. B. an die Taschengeldfrage) bearbeiten, vielleicht zu keiner Lösung kommen, es zur Klärung unentschieden lassen oder im Kompromiß entscheiden. Kein Sieger oder Besiegter. Keiner, der vorschnell nachgibt, um Ruhe zu haben, keiner, der sich beleidigt und gekränkt in die Schmollecke zurückzieht, sondern symmetrische Partner im gleichen Recht. Eine solche Szene hat sowohl erschütternde als auch für die Zukunft des jungen Menschen modellhafte Wirkung. Die Eltern leben konkrete Partnerschaft, in der das befreiende, versöhnende Gelächter einen Konflikt beenden, lösen und zur allgemeinen Entspannung führen kann. Warum können Engel fliegen? – Weil sie sich leicht nehmen.

*

Er ist 45 Jahre alt, Beamter in mittlerer Position, unverheiratet. Er kommt wegen einer hartnäckigen Schlafstörung, die bisher jeglicher Behandlung trotzte: autogenes Training, Akupunktur, Medikamente in großer Zahl, Schlafkur usw. Das Einschlafen ist gut, er wacht nach 1–2 Stunden wieder auf und quält sich dann den Rest der Nacht herum.

Warum wacht er auf? Was weckt ihn? Er kann darauf keine Antwort geben, weiß es nicht, hat keine Ahnung. Ich bitte ihn, einmal darauf zu achten, *wie* er jeweils wach wird, *wodurch* – einmal genau zu beobachten, was geschieht, wenn er aus dem Schlaf gerissen wird. Nach einigen Tagen: »Eine Unruhe ist es, Nervosität, ich kann es nicht näher bezeichnen.« Ich hinterfrage diese undeutlichen Begriffe »Nervosität«, »Unruhe«, »Erschöpfung«, hinter denen immer eine schwerwiegende menschliche Thematik steckt, hinter denen wir uns so leicht verbergen: Was geht in Wirklichkeit in Ihnen vor?

Wieder nach einigen Tagen bzw. Nächten entdeckt er, was ihn aufweckt: Haß, Haß! und zwar Haß gegen einen gleichgestellten Kollegen. Wir sprechen dieses Thema durch und stoßen auf die Formel »Wie ich mir, so ich Dir!«, d. h., wie ich mit mir selbst umgehe, so auch mit dem anderen. Oder anders ausgedrückt: Ich behandle meine Mitmenschen nur so, wie ich mich selbst behandle. Damit erreichen wir den Kern seiner Störung: Er steckt voller Haß und Wut auf sich selbst. Eine angeborene Hauterkrankung (Psoriasis) kränkt ihn sein ganzes Leben lang, schließt ihn von vielen Unternehmungen aus, besonders von Baden und Schwimmen, verlegt ihm den Zugang zu Frauen, füllt ihn mit Groll, Selbstunsicherheit und einem ohnmächtigen Zorn, seit er denken kann.

Die schwache Stelle in uns, der Schatten, das Minderwertige, Nichtgelungene, alles, was unser Selbstgefühl so unendlich kränkt, was unser schönes Selbstbild, Ideal-Ich so unsagbar beleidigt – wir verleugnen es vor uns selbst, verdrängen es, d. h. verbergen es vor unserem hellen Bewußtsein, verstecken es vor uns und den Mitmenschen und leiden. Schlafstörung ist es bei unserem Patienten. – Beeindruckend war für mich der Mann mit chronischen Kopfschmerzen, die ihn nicht vorankommen ließen mit seiner Habilitationsarbeit, wodurch der Weg zur Professur gebahnt werden sollte. Die kleine Familie schleicht auf Socken durch die Wohnung: Der Vater schreibt sein Buch – aber die Kopfschmerzen vereiteln das Gelingen.

Es sind körperliche Mängel, psychische Gegebenheiten der Konstitution, Fakten der schulischen und beruflichen Entwicklung, Begabung, die ich nicht habe, aber besitzen möchte – immer die schmerzhafte Lücke zwischen der Realität, die ich bin, und dem Bild, das ich sein möchte. Begegnung mit sich selbst, Versöhnung mit sich selbst: das ist hier die Aufgabe, die uns beiden, dem Therapeuten und dem Leidenden, gestellt ist.

Es entsteht eine therapeutische Gemeinschaft, Gleichzeitigkeit bis hin zur Identifizierung, wenn wir diesen Weg der Selbstannahme gehen, diesen bitteren, schmerzhaften Gang vor den Spiegel, in dem wir uns sehen, Licht und Schatten, insbesondere den Schatten, wo all der Groll und Gram wiederbelebt werden, wo unsere Grandiosität und die belastende Konzentration auf die Bewunderung durch andere enthüllt und offenbar sein dürfen: wir beide, der Kranke und ich, im dunklen Bezirk des Eingeständnisses unserer Armut, Scham, des Elends, der Trauer.

Der Kopfschmerzkranke geriet in eine tiefe Depression, und ich leide diese Fluchtwege mit und diese Angst vor dem Offenbarwerden seiner selbst vor sich und mir und biete Halt und Stütze, aber auch unbeirrbare Konfrontation mit ihm selbst. Schließlich, nach langer, erbitterter Abwehr bricht die Einsicht in ihm durch: Ich kann das Buch nicht schreiben, mir fehlt die Gabe der systematischen, kreativen

Konzeption. Einsicht – daran entscheidet sich meist das Gelingen oder Mißlingen psychotherapeutischer Arbeit. Einsicht als Bereitschaft, dem ungeheuren Schmerz des Selbstoffenbarwerdens standzuhalten. »Nisi periissem, periissem« – ich wäre zugrundegegangen, wenn ich nicht zugrundegegangen wäre (G. F. Hamann). Der Leidvermeider bleibt vor dem Tunnel dieses Prozesses in Erstarrung stehen und verödet in seinem Werdegang und Reifen. Es waren erschütternde Sitzungen, in denen der Kranke sich selbst erkannte, sehr trocken und demütigend deutlich: Ich bin reproduktiv begabt, nicht original-schöpferisch – wußte ich das nicht schon längst!? und er tat den Sprung über den Graben: Ich gehe als Arzt in die Praxis – und er tat es.

Abschied von einem Selbstbild – das Ja zu meiner Wirklichkeit, der körperliche Schmerz verwandelt in den eigentlichen, den seelischen Schmerz der Trauer und das zarte Wagnis, mit sich selbst übereinzustimmen, einverstanden zu sein.

Therapie ist immer existentielles Gefragtsein des Therapeuten nach seinem eigenen Schatten, seiner eigenen Schwäche, Not, seinem eigenen Defizit, ist die Frage nach seinem Ausgesöhntsein mit sich selbst, seinem eigenen Ideal-Ich, seinem Helfersyndrom, seiner Eitelkeit und therapeutischen Zwanghaftigkeit, seinen sadistischen und verführerischen Tendenzen. In dieser ständigen Konfrontation mit sich selbst, und nur so, eröffnet sich die Möglichkeit zum Mitleiden, Mitnehmen des anderen, zur unbewußten Infektion des Mitmenschen mit den Keimen des Mutes, des Ja zu sich selbst, des Trotzdem und Dennoch, des Verzichtes auf den unwirklichen Glanz einer Vollkommenheit. C. G. Jung nennt es die Vollständigkeit, die uns aufgegeben ist, nicht eine narzißtische Vollkommenheit, sondern das Ja zum Licht und Schatten, zur Fülle und zum Mangel, zum Ganzen und zum Fragmentarischen.

Alle Realität hat eine frustrierende Seite, diese ist das Gewürz, das Stück Leid und Entbehren im menschlichen Dasein, die notwendige Enttäuschung, die in der Trauerarbeit bewußt durchlebt, durchlitten und angeeignet werden wollen.

Schlaf ist das Ja zum Menschsein in seiner Doppelgestalt des Schönen und Häßlichen, Gelungenen und Mißlungenen. Versöhntsein heißt da, sich annehmen als Geschöpf, so und nicht anders in seinem leib-seelischen Gewordensein.

Unser Patient ging mit mir durch Erschütterungen und Tränen, Auflehnung und Verzweiflung und verwandelte schließlich das nicht-legitime Leid seiner Neurose in das legitime Leid seiner unverwechselbaren Person. Der Schlaf begann von der Entspannung zu profitieren, desgleichen sein Amtskollege.

*

Er ist 38 Jahre alt, Abteilungsleiter eines Stahlwerks, kräftig gebaut, sportlich, sieht gut aus. Seine Ehefrau, drei Jahre jünger, keine Kinder, ebenfalls berufstätig, erfolgreich, beide finanziell gut gestellt, voller Initiative und Hobbies; reichlich Geselligkeit, wobei er leidenschaftlich kocht – kurzum, alle Welt bewundert die beiden, beneidet sie.

Nur: Er leidet seit einiger Zeit an einer Herzphobie, Herzneurose hätte man früher gesagt, mit tachycarden Anfällen (Herzrasen), Herzstolpern und Schmerzen und Schweißausbrüchen, panischen Angstgefühlen und Furcht zu sterben. Der Cardiologe hat ihn mehrfach durchuntersucht und ihm geraten, zweimal täglich um seine Heimatstadt herumzulaufen, das sei das beste Heilmittel für ihn. Er nimmt Medikamente, Beruhigungsmittel, Dociton, Valium, Lexotanil usw. – ohne Erfolg. Er muß sie als »Talisman« bei sich tragen »für alle Fälle«, wie er sagt.

Beruflich spielen Rivalitätskonflikte eine Rolle, die wir durchsprechen, der »Joseph-Komplex«, der ihn zwingt, beim Vater, d. i. dem Vorgesetzten, der Liebste, Angesehenste, Vorgezogene und Bewunderte zu sein, das heißt also, den »bunten Rock« vor den anderen als narzißtische Gratifikation zu erhalten.

Wir bearbeiten dann auch seine anlagebedingte vegetative Sensibilität, aufgrund deren er intensiver, rascher, störungsbereiter auf Streß reagiert. Und Streß, was ist das: Heute eine anonyme Größe, ein vielgebrauchtes Versteck vor den tatsächlichen, oft unbewußten Ungereimtheiten, Zwiespältigkeiten unserer Tiefenperson.

Also fragen wir weiter und nehmen seine Träume zur Hilfe, in denen plötzlich die Mutter auftaucht.

Seine Mutter, eine harte Frau, deren Ehemann sich nach dem Krieg ins Ungewisse absetzte, und die schlecht und recht ihre vier Kinder zu ernähren versuchte. Er selbst der Älteste. Eine Frau, verbittert und rücksichtslos, ihre Kinder prügelnd und verleugnend, in einer dauernden Verteidigungsstellung, unzugänglich, korrekturunfähig, böse, verloren und ausgeschlossen aus der Gemeinschaft.

Als er drei Jahre alt war, besuchte sie mit ihm zusammen die Großeltern, Eltern des Vaters, und man stellte fest, daß er krank sei, Fieber habe, worauf sie ihn kurzerhand dort ließ, abgab und wieder allein nach Hause fuhr. Er wuchs dann bei den Großeltern auf und sah die Mutter jahrelang nicht.

Psychotherapie ist Vergegenwärtigung der Vergangenheit, Lebendigmachen der Erinnerung, und so geschieht es, daß im Wiederholen des Damaligen, im Erzählen vieler kleiner Erinnerungsszenen ein ungeheures Potential von Wut und Haß und Verletztheit hochkommt, ihn selbst erschütternd: »Ich habe nie daran gedacht und wußte es nicht mehr.«

Die Grundangst des Menschen ist die Angst des Kindes, ausgesetzt zu werden, von der nährenden und bergenden Mutter getrennt zu werden, sie zu verlieren, ihrer lebensnotwendigen Fürsorge, Liebe, Zuwendung, Treue verlustig zu gehen. Das ist, verloren zu sein, zugrunde zu gehen, vernichtet, tot. Jede Angst hat diese Wurzel, und wir verstehen dann, welche Panik von Verzweiflung und Grauen, Hoffnungslosigkeit und schierem Entsetzen dieses dreijährige Kind befallen haben muß, als die Mutter ging, verschwand und später bei seinen seltenen Besuchen ihn prügelte, als er 50 Pfennig zur Kirmes erbat.

Sein Leiden: die Diskrepanz zwischen der uralten Sehnsucht nach der wahren Mutter, der mütterlichen, zarten, zärtlichen, gewährenden Mutter und dem in der Tiefe der Persönlichkeit brodelnden Haß auf die Frau, die seine Mutter wirklich war.

Es sind Wochen, die er benötigt, um diese bisher geheim gehaltene Wut zugleich mit dem Schmerz und den bitteren Vorwürfen hochkommen zu lassen, diesen unbekannten Gefühlsstürmen sich auszusetzen, sich mit ihnen zu identifizieren in Erschrockenheit und – seltsamerweise – Schuldgefühlen.

Der Therapeut wird als der Repräsentant dieser Frau gesehen, bekommt vom Patienten ihr Gewand angezogen. Er distanziert sich nicht hinter einer Fassade von Professionalität und Überlegenheit, sondern hält sich hin als das mißlungene Objekt der Erwartung seines Gegenübers, übernimmt, nimmt bejahend auf sich, was der andere auf ihn nun überträgt an frühesten kindlichen Erwartungen, Wünschen, Sehnsüchten, aber auch die ganze Flut von Groll und Enttäuschung, insbesondere wenn der Widerstand des Patienten auftaucht. Als ich einige Tage in Urlaub fahre – und dann wieder vor der Entlassung des Patienten aus der Klinik – bricht die alte Panik auf, die Wut voller Mißtrauen und enttäuschter Hoffnung: Auch er, der Therapeut, entspricht genau der Urerfahrung, auch er ist ein Unzuverlässiger, läßt seinen Kranken im Stich, übergibt ihn der Angst vor der bedrohenden Welt, ist grausam und böse wie die Mutter, und alles bricht wieder zusammen, das Herz versagt, die Zukunft stirbt.

Beim Widerstand beginnt psychotherapeutisches Miteinandersein: Er hat mit seiner harten Kritik recht, denn ich bin auch ein Vater, eine Mutter, die den eigenen Kindern unendlich viel schuldig blieb: Du hast recht, ich bin schuldig wie Deine Mutter, ich kann nur die Hände auftun und deinen Schmerz und einsame Verzweiflung tragen, austragen, auffangen. Aber erkenne auch die Wirklichkeit: Jeder Mensch ist böse und gut, wir alle, Du und ich und die Mutter, sind immer beides, eine traurige Mischung von Gelingen und Versagen. Heilung heißt dann: den anderen und sich selbst in dieser Mischung von Gut und Böse entdecken, eine Legierung von beidem erfahren, annehmen, schmerzhaft vollziehen.

Ist das nicht unsere menschliche Realität, dieses Zusammengehören von Gegensätzen, von sich scheinbar ausschließenden Wesenheiten, Haltungen, Verhaltensweisen: Liebe und Haß, Zuneigung und Ablehnung? Gut und böse, schwarz und weiß, häßlich und schön?

Und dann schreibt er den Brief an die Mutter. Die Flut seiner Angst- und Haßgefühle strömt über alle Deiche, und das Angestaute bricht sich Bahn. Aber in dieser Nacht des Schreibens – zwölf Seiten werden es – geschieht etwas Seltsames: Begegnung, Vergegenwärtigung. Er sieht diese Frau zum ersten Mal, wie sie wirklich ist, in ihrer Verlassenheit, unglücklichen Triebhaftigkeit und der Sehnsucht nach Leben, nach erfülltem Leben; und in einer ihm unbekannten Hellsichtigkeit und Ahnung wird er ihres Scheiterns gewahr, ihres lebenslangen Scheiterns. Und er ist selbst betroffen, daß er am Schluß dieses Briefes das Wort Vergebung hineinschreibt: »Ich möchte Dir so gerne verzeihen, gib mir die Möglichkeit dazu, liebe Mutter . . .«

Verzeihen setzt Erkennen voraus, Verstehen und Mitleiden mit dem andern. Vergebung nimmt das Böse des andern wahr als Leid, Not, befreit ihn und mich von der Last der Anklage und des Grolls. Versöhnung, Vergebung ist da ein Wunder, eine Heilung der Erinnerung und zugleich die fürchterliche Erfahrung meiner eigenen Liebesunfähigkeit.

Zwischen den Partnern des therapeutischen Dialogs ereignet sich zuerst diese Begegnung und damit Versöhnung und Annahme, und stets wiederholt sich das Sterben des Kindes mit seinen Erwartungen und Riesenansprüchen an den idealen Partner. Dann aber auch das Auferstehen des geheilten, des erwachsenen Mannes, der Frau im reifen Zuschnitt: »Ein Mensch wagt zu lieben.« Er staunt: Ich muß tatsächlich sterben, wovor ich so Angst habe, um ein Mensch zu werden.

*

Eine Diakonisse, 38 Jahre alt, seit 15 Jahren in ihrem Dienst. Sie leidet in zunehmendem Maße seit einigen Jahren unter traurigen Verstimmungen, Gefühlen von Leere, Sinnlosigkeit, Verzagtheit, abgrundtiefer Hoffnungslosigkeit. Daneben, und das hat zu ihrer Aufnahme geführt, brechen immer wieder Erregungen und Feindseligkeit bei ihr durch, gehässige Ausbrüche von bösartiger Aggressivität, hemmungslosem Schimpfen und Protesten ihren Mitarbeitern gegenüber. Man würde das Bild einer Depression zuordnen, medikamentös behandeln und sich vielleicht damit zufriedengeben – zufriedenstellen, zum Frieden bringen?

Eine Reihe von Gesprächen deutet auf anderes hin: Sie war die älteste Tochter vor zwei jüngeren Brüdern, der Liebling des Vaters, durch ihn verwöhnt, von ihm bewundert und geliebt, in jeder Beziehung gefördert und aller Schwierigkeiten vorsorglich enthoben. Ein Mädchen, fröhlich, unbeschwert, das dann in der Berufsausbildung – eine Angestelltenlaufbahn – stets beliebt war, wegen seiner körperlichen und geistigen Vorzüge gern gesehen und beneidet.

Verwöhnung ist in diesem Fall zu lesen als Verwöhnungsschädigung: Der junge Mensch wird an ein falsches Modell des Daseins gewöhnt. Er liest die Welt und das Leben als ein Bilderbuch freundlich zustimmender, ihn hilfreich fördernder Bereitschaft, die ihm alles Beschwerliche abnimmt, ihm alle Türen zu Erfolg, Anerkennung, Wunscherfüllung öffnet und ihm immer nur das eine bestätigt: Du bist unser aller Liebling!

In der Zeit der Adoleszenz trifft sie ein religiöser Anruf, die Berufung zur Diakonisse. Sie schildert überzeugend das Ereignis, das plötzliche Konkretwerden eines seit Jahren mehr latenten und ungestalteten Gaubens, das Gefühl, in Anspruch genommen zu werden für eine wesentliche Lebensaufgabe, durch einen Anderen, Größeren, den Herrn der Welt.

Bei vielen solcher Ereignisse, mag es einen Eheschluß betreffen, eine Berufswahl, eine Entscheidung schicksalshaften Abbruchs und/oder Neubeginns, sind unsere psychologischen Deutungen und Erklärungen oft hilflos, sie greifen nicht tief genug, werden dem letztlich Unergründbaren menschlicher Existenz im Angesicht Gottes nicht gerecht. Neben und in aller psychologischen Kausalität ist eingewirkt in das Gewebe des Lebens ein Faden göttlicher Kausalität, Wirklichkeit. Es erwacht allmählich oder plötzlich im Menschen ein Fragen nach seiner ewigen Dimension, einem letzten Sinn, absoluten Inhalt und Ziel, echter Freiheit, zwingender Verbindlichkeit und begründeter Hoffnung.

Unserer Patientin tritt ins Mutterhaus ein und stellt sehr rasch und bitter-verwundert fest, daß alles anders ist als erwartet. Im Laufe der Jahre breitet sich in ihr eine zunehmende Enttäuschung aus, man liebt, bewundert, protegiert, verwöhnt sie nicht mehr so wie gewohnt, und aus dem fröhlichen, unbeschwerten Mädchen wird allmählich eine erstarrte, verschlossene Frau. Ihr Leitmotiv »Gott hat uns berufen mit einem heiligen Ruf« ist ihr zu einer quälenden Frage geworden, der Grund des Glaubens ist brüchig, der lebendige Gott erscheint ihr verblaßt, seine Stimme unhörbar und die Verwundungen durch Ihn – gar nicht so sehr durch ihre Umgebung – unheilbar, infiziert durch das Gift des Zweifels. Die Enttäuschung an der Vatergestalt Gottes, die dem leiblichen Vater so gar nicht entsprechen will, kränkt und erschüttert den ganzen Menschen, verändert ihr Lebensgefühl, zersplittert die einstmals so gelungen scheinende Identität. Die Fundamente schwanken und brechen.

Auf meinem Schreibtisch, für mein Gegenüber nicht sichtbar, steht eine kleine Karte mit der Aufschrift: Tace! = schweige! und darunter ein Kreuz = segne!

In solchen Gottesfinsternissen, wo die Grenzen psychologischer Erklärung, Deutung, Verständlichmachung sichtbar werden, ist mein Schweigen, meine Ehrfurcht vor Klage und Anklage die einzige Möglichkeit der Teilnahme. Ich höre mich selbst. Des anderern Verzweiflung, Zweifel und Zerbrechen ist auch mein eigenes. Aufgegeben ist mir nichts als das Dabeisein und Mitleiden, aber auch das Erkennen unseres Eigensinnes und unserer Selbstbemächtigung, des Verfehlens und Verleugnens unseres Angerufenseins, immer schon und stets neu.

Dann bin ich der von ihr Gefragte: Wie leben Sie dieses Leben? Und Ihr Glaube und Ihr Gott?

Hier habe ich mich jenseits aller analytischen Distanzierung zu stellen, hier kann nicht mehr von unbewußter Infektion die Rede sein, sondern es geht um das Zeugnis, das dem Geheimnis des Zeugungsaktes nahekommt. Vertrauen entzündet sich nur an Vertrauen, Sinn erwächst nur in Begegnung von Person zu Person, ist letztlich Beziehung, tragende, bejahende und bejahte Beziehung. Ich habe Antwort zu geben, meine eigene Antwort.

Wer ich in der Dimension Gottes bin? Ein zweifelnder, verzagter, angefochtener Mensch in seiner ganzen Fragwürdigkeit und – wie mein Gegenüber – voller Sehnsucht nach der Gewißheit des Angenommenseins durch einen ewigen, barmherzigen Vater. Zugleich aber auch ein Mensch, der sich täglich, stündlich hineinreißen läßt, hineinspringt in das große Vertrauen und Sichfesthalten an dem rätselhaften und dennoch guten Konzept der göttlichen Liebe.

Um dogmatisch richtige Sätze geht es nicht, sie leisten nichts. Es will neu aufklingen Sein Anruf: – »mit einem heiligen Ruf gerufen« – und: respondeo etsi mutabor, d. h., wie auch immer ich mich wandle, verwandelt werde, ich antworte Ihm, der mich mit Du anspricht, indem ich Seinem Menschen antworte, meinem Bruder, meiner Schwester.

Da verändert sich allmählich das verbitterte und vorwurfsvolle Gesicht meiner Patientin und wird weich und traurig, und es erscheint das Grundleiden von uns allen: »Ich habe nie geliebt – ich glaube, ich war nie offen für Ihn und für den Mitmenschen. Meine Depressionen waren Angst davor, mich hinzugeben an Seine Pläne, an Seine Menschen. Mein Eigensinn, mein entsetzlicher Eigensinn!« Es wird ihr deutlich, auch mir, daß es um das große, vertrauensvolle Sich-zur-Verfügung-Stellen geht, das im menschlichen Dasein über Leben und Tod entscheidet. Daß der Eine über mich verfügt, mich einfügt in den größeren Zusammenhang, in das Gefüge Seines Konzeptes, auch in eine hier und jetzt leidvolle Gemeinschaft, Partnerschaft, berufliche Konstellation, so und gerade so, wie sie ist. Und dann: daß ich mich einfüge ja einfügen lasse, nahtlos, unter Schmerzen, Tränen, vielleicht auch Substanzverlust – aber eben doch in diesen anderen Willen. Eingefügt sein als Nachfolge, als Passion mit dem auf unendlich akkomodierten Blick: »jetzt und hier nur undeutlich, dann aber von Angesicht zu Angesicht . . .«

*

In jedem Bild und Schicksal, das ich zeichnete, erscheint ein Mensch wie Du und ich, gar kein Sonderfall, sondern nur der sensiblere und im Grunde wahrhaftigere, der manifest krank wird, während wir anderen scheinbar gesund bleiben. Den die eigene Entfremdung nicht ruhen läßt, das Verfeindetsein mit sich, dem Nächsten und Gott, der leidet, körperlich und seelisch, an seinem Uneigentlichsein. Hüten wir uns vor einer vorschnellen und überlegenen Distanzierung! Jeder ist gemeint in jedem dieser Bilder und in der inneren Verfeindung, verborgenen Aggressivität und depressiven Unversöhntheit, Unversöhnlichkeit.

Versöhnung ist immer und letztlich das Heimfinden, das Heimgeholtwerden des Menschen ins Vaterhaus. Ist das erstmalige oder wieder neue Erlernen des Antwortens, des Ergreifens und Ergriffenseins. Des furchtlosen, vertrauenden Begegnens mit dem lebendigen Gott, sich selbst, dem anderen. Der Glaube – nein, der Mensch lebt von dem barmherzigen, lebenschaffenden, versöhnenden, friedenstiftenden Angeblicktsein durch den ewigen Vater, den liebenden Mitmenschen.

Der Friede weltweit?

Keimt er in Dir und mir mit der Kraft der Verwandlung?

Versöhnung

(Andacht)

Gott, der Vater, holte uns zu sich, als wir noch in Empörung und Vorwürfen gegen ihn verschlossen waren – durch den Tod seines Sohnes stiftete er Liebe und Vertrauen zwischen sich und uns –
darum werden wir erst recht am Leben erhalten bleiben durch seine lebendige Kraft
nun, da wir mit Gott ausgesöhnt sind.
(Röm. 5, 10 – nach J. Zink)

Es gibt das Buch mit dem interessanten Titel »Die Kraft des positiven Denkens«. Was ich aber in meiner Arbeit erlebe, ist das Gegenteil: Die Kraft des negativen Denkens! Sie alle kennen sie, diese tödliche, zerstörerische Kraft der totalen Negation. Paulus nennt sie Empörung, Vorwürfe, Verschlossenheit und ich würde weitermachen: Verbitterung, Feindseligkeit des Menschen gegen Gott, den Mitmenschen, gegen sich selbst, gegen seine Vergangenheit, Gegenwart, Zukunft – das haßerfüllte Nein gegen Alles, besonders gegen die eigene Biographie. Hier steckt *oft* die Wurzel mancher Krankheit, körperlicher wie seelischer und diese chronische Vergiftung macht ein ganzes Leben kaputt.

Kraft des negativen Denkens!

Und dann sitzt der Mensch mir gegenüber mit hochgezogenen Schultern, verspannt und verkrampft – aber das ist nicht nur äußerlich, sondern diese Spastik geht durch den ganzen Organismus hindurch und er kann sein Gegenüber nicht ansehen, schaut zum Fenster hinaus: verschlossen, ein stummes und zugleich lautes Nein.

Und meine Diagnose: depressive Verzweiflung, abgrundtiefe Unlust, abgestorbenes Leben.

Aber nun der Kontrast: Kraft des positiven Denkens! Paulus nennt es das Versöhntsein mit Gott, dem Vater. Versöhntsein mit sich, mit seinen Mitmenschen.

Das griechische Wort für versöhnt hat auch die Bedeutung von verwandelt, ausgetauscht. Verwandlung ist ja die Erfahrung des Menschen, wenn er Gott begegnet: daß ich mein ganzes bisherziges Leben in einem neuen Licht sehe, daß diese quälende Feindseligkeit, diese Verbissenheit in mir, die ja primär gegen mich selbst gerichtet ist, sich endlich löst und ich aus meiner Verschlossenheit befreit werde in eine furchtlose Offenheit: Vertrauen – Frieden – Zufriedenheit.

Anders gesagt: Daß ich verwandelt werde aus einem Ungeliebten in einen Geliebten.

Geliebt von einem, der meine tiefsten Schmerzen kennt. Geliebt von einem wahrhaft väterlichen Vater, dem ich mich zu erkennen geben darf und der mich erkennt ohne mich auszulachen oder sich abzuwenden.

Der ewige barmherzige Vater, der mich zu seinem Sohn, seiner Tochter macht, der mich annimmt. Annimmt ohne Wenn und Aber, mich, der ich mich selbst gerade nicht annehmen kann so wie ich bin, in meiner verkorksten Existenz.

Totale Negation? Nein – sondern das totale Ja, das grenzenlose Akzeptiertsein durch Gott ist das Fundament meiner begrenzten menschlichen Existenz.

Was ist Jesus Christus mit seinem Sterben und Auferstehen anderes als der Repräsentant dieser Liebe, dieser Barmherzigkeit Gottes, als das leibhaftig gewordene Ja des Vaters. Nicht Verneinung ist sein Wirken sondern Aufbau, Ermutigung.

Wie manche Krankheit, die wir behandeln, erlebt ihre große Wende, wenn das erfahren, erlebt, staunend Wirklichkeit wurde in der Person des Menschen.

Denn dann geschieht alsbald das andere: Als ein von Gott, seinem Vater, Angenommener kann er sich endlich selbst annehmen, seine schlimme Vorgeschichte, seine Konstitution, die ihm Jahre lang zu schaffen machte, Schwächen, Mängel, Schuld.

Ausgesöhnt, im Frieden mit Gott und mir selbst begegne ich dem Mitmenschen anders, offener, konfliktfähiger und bereiter zum Verstehen, Tragen, Mitleiden.

Das Annehmen ist der Schlüssel, der die Türe zum

wirklichen und großen Leben öffnet (Dürckheim)

Bei meinem Gegenüber schleicht sich ganz allmählich eine zarte Entspannung ein und die hochgezogenen Schultern gehen mehr und mehr herunter, sein Blick kommt mir entgegen und ich erkenne Befreiung, Entlastung, Zufriedenheit.

Kraft des positiven Denkens – ungeheure Dynamik der Versöhnung, voller Ja und Sinn und Neubeginn.

Komm heim zum Vater und beginne wieder das abgerissene Gespräch mit ihm: DU Vater . . .

»Du, Vater, du rate
lenke du und wende
Herr, dir in die Hände
sei Anfang und Ende,
sei Alles gelegt.«

Nachwort

Die Klinik Hohe Mark liegt am Südhang des Taunus im Stadtgebiet Oberursel, aber abgelegen und ringsum von Wald umschlossen.

Sie wurde 1933 in Trägerschaft des Deutschen Gemeinschafts-Diakonieverbandes Marburg unter der Leitung von Dr. Lechler und Dr. Spangenberg gegründet. Dr. Lechlers Anliegen war, seinen Patienten Arzt *und* Seelsorger zu sein. Er ist ebenso wie seine Nachfolger (Dr. Mader, Dr. Stöckle, Dr. Knöpp und die Untengenannten) diesem Grundsatz treu geblieben, zusammen mit den vielen ungenannten Ärzten, Schwestern und sonstigen Therapeuten, die auf der Hohen Mark gearbeitet haben oder noch dort tätig sind.

Die Klinik hat 260 Betten, aufgegliedert in eine psychiatrische (Chefarzt Dr. Scharrer), psychotherapeutische (Chefarzt Dr. v. Knorre) und psychosomatische Abteilung (Chefarzt Dr. Schleyer).

Neben Psychotherapie und Seelsorge kommen die üblichen modernen diagnostischen und therapeutischen Verfahren zur Anwendung.

Die Autoren

06171/2040
204214 Fr. Krug